城市更新治理工作坊
URBAN REGENERATION GOVERNANCE WORKSHOP

城市更新治理：
韧性与智能化

姜　玲◎主编

经济日报出版社
北　京

图书在版编目（CIP）数据

城市更新治理：韧性与智能化 / 姜玲主编. 北京：经济日报出版社，2024. 12.
ISBN 978-7-5196-1408-9

Ⅰ. C912.81

中国国家版本馆 CIP 数据核字第 20248ST354 号

城市更新治理：韧性与智能化

CHENGSHI GENGXIN ZHILI：RENXING YU ZHINENGHUA

姜　玲　主编

出版发行：经济日报出版社
地　　址：北京市西城区白纸坊东街 2 号院 6 号楼
邮　　编：100054
经　　销：全国各地新华书店
印　　刷：文畅阁印刷有限公司
开　　本：710mm × 1000mm　1/16
印　　张：12
字　　数：202 千字
版　　次：2024 年 12 月第 1 版
印　　次：2024 年 12 月第 1 次
定　　价：56.00 元

本社网址：www.edpbook.com.cn，微信公众号：经济日报出版社

本书为中央财经大学一流学科建设项目“中国式城市智能化治理的理论、政策与实践”（CUFEZF202301）资助部分成果。

专家委员会

主　任：李　迅

副主任：王亚男

委　员：（按姓氏拼音顺序排序）

黄　斌　李志刚　刘炳胜　刘轶芳　龙　瀛　秦　波

王崇烈　吴奇兵　吴晓林　吴宇哲　许立言　叶信岳

袁　媛　赵燕菁　郑善文　左　进

编写委员会

主　编：姜　玲

副主编：温锋华

编　委：（按姓氏拼音顺序排序）

柴子曈　陈建军　陈琪玲　陈庆红　杜安民　胡凤宁

胡祉洁　蒋雅婷　黎　斌　李　鑫　李岩霏　刘建国

刘静伊　茅明睿　秦梦楠　秦晓依　司美林　宋　炎

苏锦浠　王鲁青　王　伟（宣房大德）

王　伟（中财大）魏陈诺　吴奇兵　徐　俊

杨蕊源　张　焕　张颖异　钟平玉　曾泽航

前 言

在推进城市治理体系和治理能力现代化进程中，以智慧城市、城市大脑、数字孪生、数字政府等为代表的城市智能治理已进入全面发展时期。

推进城市更新治理的智能化与韧性提升，既有时代的要求，对城市功能品质优化、城市资源高效利用、城市“智”治体系建设提出更高要求；也有实践的诉求，需要实现城市发展理念、建设思路、实施路径、运行模式、技术手段的全方面迭代升级；还有学科的追求，需要植根中国城市语境、运用中国话语、建构中国式城市智能化治理理论方法体系。虽然我国智慧城市技术研发、硬件建设已经步入世界前列，但是与之相配套的智能化治理理论方法、政策工具、应用模式和实践探索尚处于起步阶段。我们认为，在实践中，城市智能治理的问题主要集中在如下几个方面。

在宏观实践层面：建立智能化治理的法律和制度框架，搭建一系列实施、监督、评估、反馈的标准，解析推进智能化治理的政策过程。在中观机理层面：研究新一代数字技术与城市智能化治理的互促关系及其互构机理，探索数字技术在城市治理中的作用机制与动力模型，建构智能化治理建设机制。在微观技术层面：研究城市智能化底层数据价值挖掘的算法，设计多源数据整合与处理的技术路径，解析技术嵌入的运行机制。待解决的理论研究问题，宏观上：城市智能治理的理论基础还不够、制度流程与建设和实践需求脱节；中观上：智能化实践场景模糊，缺乏与社会生活各类活动交互的接口和工作抓手，各类场景面对的共性机制性问题与应用工具需求有待挖掘；微观上：参与者、结构、任务和技术等治理要素间如何协同形成良性互促机制，以及数据基础风险应如何有效预测应对等问题，还需进行更为系统的理论探讨和体系设计。

基于此，中央财经大学政府管理学院以“城市更新治理：韧性与智能化”为主题，组织了“2023 年中央财经大学第二届城市更新治理工作坊”（以下简称“工作坊”)，旨在组织公共管理及相关学科的研究力量，系统梳理治理视角下的城市更新行动，总结城市更新行动过程中的韧性与智能化治理的经验，探索城市更新过程中多元利益协调和价值共创的创新路径，推动城市更新领域的交叉研究。

工作坊历时近两个月，分为专题讲座、论文撰写、专家论坛、工作坊汇报与专家点评等阶段。在专题讲座阶段，工作坊邀请了来自清华大学建筑学院、南开大学周恩来政府管理学院、国研经济研究院、重庆大学公共管理学院、美国得州农工城市数据科学实验室、浪潮云政务服务中心的专家学者和一线实践工作者进行了为期 6 天的专题讲座，带来从理论研究到市场实践的知识盛宴，内容涵盖韧性社区理论发展、建设路径、技术应用、智能治理、更新模式实践等，全方位呼应我国城市更新中社区韧性与智能化建设中的重点、难点、紧迫点，社会影响广泛。

在论文征集与交流阶段，工作坊共收到国内外 40 多家单位百余名学者报名的 50 余篇论文。经专家组的严格遴选，共选出来自清华大学、华南理工大学、郑州大学、华中科技大学、东南大学、四川大学、中央财经大学、澳门城市大学等高校以及全国多个省市科研院所、企事业单位的研究人员提交的 27 篇论文进入最终的汇报评选。学员按照“城市更新治理的政策逻辑”“城市更新与韧性城市建设”“城市更新智能治理技术创新”以及“智能治理政策工具创新”四个专题依次汇报，共有来自北京大学、武汉大学、中山大学、天津大学、北京工业大学、中央财经大学、北京市城市规划设计研究院等单位的 8 位专家参与了论文的现场评议，对每一篇论文的要点进行了总结，重点对论文的进一步完善提升提出了建设性的意见。

最后，工作坊以“韧性城市与智能治理专家论坛”的形式，邀请到《城市发展研究》杂志主编李迅教授、厦门大学建筑与土木工程学院赵燕菁教授、浙江大学公共管理学院吴宇哲教授、中国人民大学公共管理学院副院长秦波教授、中央财经大学政府管理学院院长姜玲教授以及宣房大德置业投资有限公司总经理、高级工程师吴奇兵等 6 位专家做主旨报告。同时，工作坊邀请了独立专家组对工作坊论文进行了匿名评选，评选出本届工作坊的优秀论文。

本书是在工作坊论文遴选的基础上，在中央财经大学一流学科建设项目“中国式城市智能化治理的理论、政策与实践”（CUFEZF202301）的资助下，由中央财经大学政府管理学院内外专家集中研讨并编制完成。全书共收录了

12 篇文章。包括城市更新的政策、理论与实践案例。

本书整理出版的过程，得到了前述工作坊主旨报告专家、评委老师以及所有参会代表的大力支持。在此以有限的文字对他们表示衷心的感谢！中国城市更新行动还在路上，在实施城市更新行动过程中，还有很多经验规律和实践模式需要总结，有不少问题亟须破解。本书只是基于韧性与智能化的视角，对我国城市更新治理工作总结研究的一个初步尝试，限于理论水平与实践经验，难免存在不足之处，恳请广大读者批评指正。

姜玲

2024 年 6 月

目　录

CONTENTS

我国城市更新资金政策分析比较与完善建议[①]

王伟　刘静伊　胡祉洁

摘要：中国城市发展已经迈入城市更新的关键时期，“十四五”规划纲要明确提出要全力实施城市更新行动，推动城市结构优化调整、功能完善和品质提升。然而当前经济下行压力大、国家倡导“过紧日子”，资金问题是城市更新的重中之重，单靠地方政府将难以填补资金缺口，因此，如何激发社会资本，实现资金的供需平衡是推动城市长远发展的关键所在。基于此，本文将通过创新性地引入政策工具的分析方法，以我国38个重点城市为研究对象，运用NVivo12软件对其城市更新政策文本进行编码及统计分析，挖掘资金政策工具运用特征，进而借鉴国外城市更新资金工具的运用经验，提出我国城市更新行动中资金政策完善建议。

“十四五”规划纲要明确提出实施城市更新行动，党的二十大报告指出“提高城市规划、建设、治理水平，加快转变超大特大城市发展方式，实施城市更新行动，加强城市基础设施建设，打造宜居、韧性、智慧城市”。然而随着我国经济发展由高速增长阶段进入高质量发展阶段，过去“大量建设、大量消耗、大量排放”和过度房地产化的城市开发建设方式已经难以为继，在增量开发时代，政府与开发商同时从快开发、高周转的地产模式中获取高额收益，城市更新阶段初期又常以“重资产”“重投入”及不确定性营业模式进行旧城更新改造，用“拆建平衡”来实现城市发展过程中的财务平衡。但随着地产市场遇冷，前端政府卖地模式出现问题，经济步入新常态，我国地

---

① 作者简介：王伟，中央财经大学政府管理学院副教授，系主任。主要研究方向：空间规划与治理、大数据与智慧城市、城市更新与运营；刘静伊，中央财经大学政府管理学院城市管理系本科生；胡祉洁，中央财经大学政府管理学院城市管理系本科生。

方财政也面临着新常态，基本特征之一就是收支缺口扩大，财政赤字增加。两个新常态都进入了“风险新常态”的阶段，即各种不确定因素叠加，财政风险、经济风险和金融风险等各种风险在相互转化中正日益呈现扩散状态。城市更新无论是拆除重建、功能转换还是综合发展都关乎利益再分配，资金问题将贯穿城市更新的全过程，当前城市更新行动明确提出从过去资本主导的“拆—改—留”转变为以人民为中心的“留—改—拆”，这对新时期城市更新工作提出新的财务平衡要求，需要政府做到“量入为出、开源节流、花小钱办大事、把钱用在刀刃上”，最终实现资金运营的有效性，推动财政可持续循环。

1　我国38个重点城市更新资金政策分析

与发达国家相比，我国城市更新还处在探索阶段，各省市出台的城市更新资金政策各不相同，为有效把握城市更新资金政策间的差异，对现有政策进行优化与完善，本研究从政策工具的视角切入，对城市更新资金政策进行深度分析，聚焦城市更新资金来源、主体、工具、场域四个方面，把握“钱从哪儿来，钱让谁用，钱怎么用，钱用到哪儿”四个关键问题，运用NVivo12软件对全国中心城市的城市更新资金政策进行编码分析，剖析各个城市的资金政策使用情况与差异，并通过工具的效用评价对政策工具进行合理组合，从新的角度对国家城市更新行动的资金政策提出完善建议。其中，机制的探索具有重要价值。

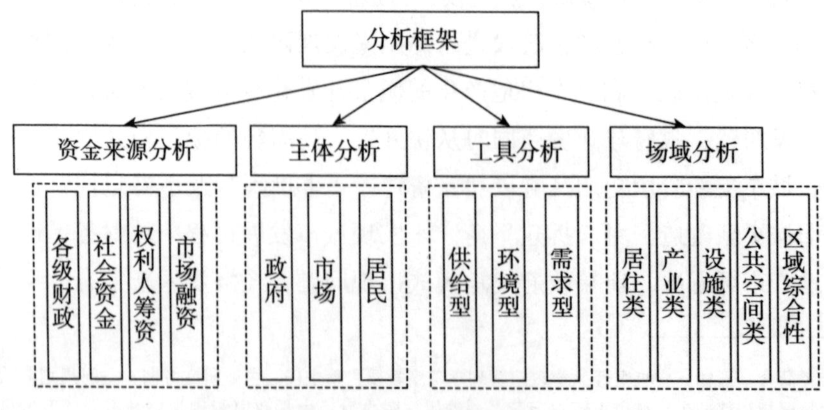

图1　政策工具分析框架

研究选取全国38个重点城市，依次是澳门、保定、北京、成都、大连、佛山、福州、广州、贵阳、哈尔滨、海口、杭州、合肥、济南、昆明、兰州、南京、宁波、青岛、厦门、上海、深圳、沈阳、石家庄、苏州、太原、唐山、天津、乌鲁木齐、无锡、武汉、西安、香港、长沙、郑州、中山、重庆、珠海。基于“北大法宝”网站与中指网宏观版的政策模块，收录法律、行政法规、部门规章等各效力级别的公开法律文件。截至2023年3月31日，以“城市更新”为主题检索，通过手动排查，将失效、无效以及还未生效的文件剔除。最终整理出108份有效城市更新政策文件。

1.1 城市更新资金来源分析比较

城市更新项目的资金来源可以从资金获取的主体不同来进行分类，分别是各级财政资金、社会资本投入资金、物业权利人自筹资金及市场化融资资金。其中，财政资金是城市更新的重要资金来源，政府可以通过财政资金来加大投资，通过购买公共物品，保障社会资本更好地参与城市更新的财务平衡，北上广深在出台的更新条例中都明确表示要将城市更新工作的经费纳入部门管理，并且要按照上级要求，保障投资人合法的资金需求①；其次是社会资本投入资金，在当下财政紧缺，地方政府财力有限的情况下，如何吸引社会资本参与到城市更新的项目建设中尤为关键，PPP模式、“投资人+EPC模式”都逐步进入到城市更新领域，拓宽了社会资本的投入渠道；物业权利人自筹资金主要是由权利人出资进行改造，在综合整治类项目中极其常见，特别是一些缺乏维护而产生设施老化、建筑受损的老旧小区改造项目；② 市场化融资资金相对而言种类比较丰富，包括银行贷款、债券资金、REITS以及城市更新资金等。

针对108份政策文件，运用NVivo12软件进行编码并统计分析，对各级财政资金、社会资本投入资金、物业权利人自筹资金及市场化融资资金进行参考点汇总，如表1所示。

---

① 徐文舸. 我国城市更新投融资模式研究［J］. 贵州财经大学学报，2021（04）：55-64.

② 马佳丽，王汀汀，杨翔. 城市更新概要和投融资模式探索［J］. 中国投资（中英文），2021（Z7）：37-40.

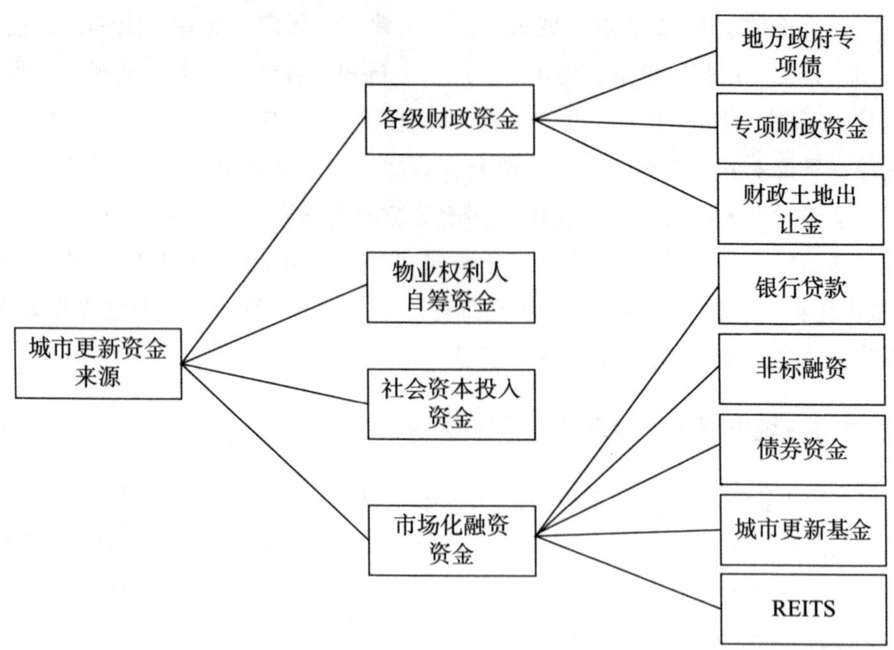

图 2　城市更新资金来源分类

表 1　我国城市的城市更新资金来源分布表

	财政资金	社会资本	权利人筹资	市场融资	合计
深圳	55	38	33	32	158
广州	40	30	15	26	111
上海	56	15	15	23	109
北京	36	42	8	22	108
佛山	21	28	13	18	80
昆明	30	19	12	18	79
长沙	40	6	10	14	70
中山	33	7	14	15	69
西安	33	6	13	14	66
南京	23	10	11	22	66
天津	32	5	13	15	65
重庆	31	6	14	14	65
贵阳	26	14	11	12	63
无锡	32	2	8	17	59
厦门	21	12	11	9	53

续表

	财政资金	社会资本	权利人筹资	市场融资	合计
青岛	20	11	10	10	51
唐山	23	8	11	9	51
成都	18	6	14	8	46
兰州	16	4	14	12	46
宁波	17	5	15	9	46
大连	17	5	15	8	45
杭州	14	5	13	12	44
济南	14	4	12	8	38
石家庄	14	4	13	7	38
福州	13	2	13	9	37
合肥	12	3	11	10	36

通过 NVivo12 软件编码可以发现 38 个城市在政策工具的偏好方面均有不同，在资金来源的维度下，北上广深等一线城市位居前列，深圳合计编码数共 158 个，远超其他城市，就资金来源类型看，深圳的城市更新资金来源更为丰富，社会资本为城市更新资金的主要来源，这离不开深圳鼓励多元主体参与城市更新的政策实施，以打造利益共同体平台。

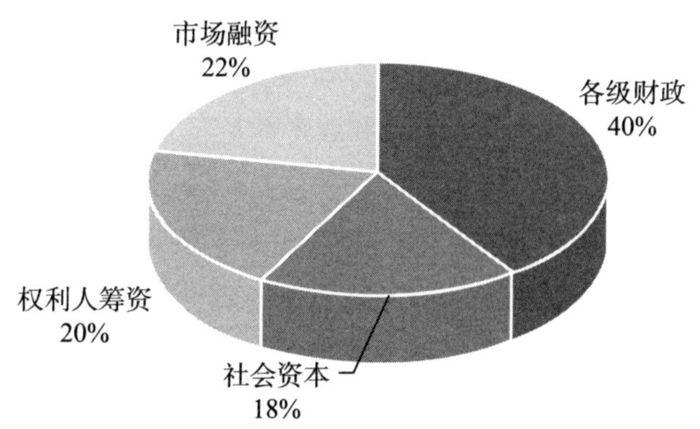

图 3　城市更新资金来源分布图

总体比较而言，资金来源的编码点共为 1699 个，根据政策编码的结果显示，38 个城市更新的资金来源均包含各级财政资金、社会资本投入资金、物业权利人自筹资金及市场化融资资金四大类，城市更新项目以财政资金为主的投资特征突出，各级财政仍然是城市更新资金来源的主力军，累计参考点为687个，在四类资金来源的比重中约占40%；市场融资、权利人筹资以及社会资本参与较为均衡，参考点分别为297个、242个以及272个，分别占22%、20%以及18%，但是社会资本参与积极性不强，项目资金来源渠道有限，资金供需矛盾突出。未来要加强社会资本投入，为推动未来基础设施建设提供有效的支持。

1.2 城市更新主体分析比较

基于城市更新行动中最基本的政府、市场、居民三类主体进行研究。政府作为城市更新过程中的主导者与决策者，负责政策制定与颁布、资金提供等义务。政府通过制定政策约束开发商的投机侵权行为、规定惠民工程的建设、监督更新资金的合理利用等缓和项目过程中的各类矛盾；市场泛指参与城市更新项目的规划设计机构、房地产开发公司、项目运营团队等，作为理性“经济人”的开发商是城市更新项目的积极参与者，与政府保持着密切联系，其拥有仅次于政府的信息资源优势，开发商的“社会人”属性，如树立良好品牌形象、与政府建立良好关系等，使其也会承担诸如社区重建、公益空间打造、服务性配套设施提供等责任；居民指的是与城市更新项目相关的原住民、商户、租客、周边居民等对象，他们作为最重要的利益群体以及最终承受者，由于处于信息劣势以及政府决策具有的排他性，在城市更新决策中存在弱势，另外，居民参与的平台和载体不完善，“自组织性”被遏制，其话语从权被无形弱化。

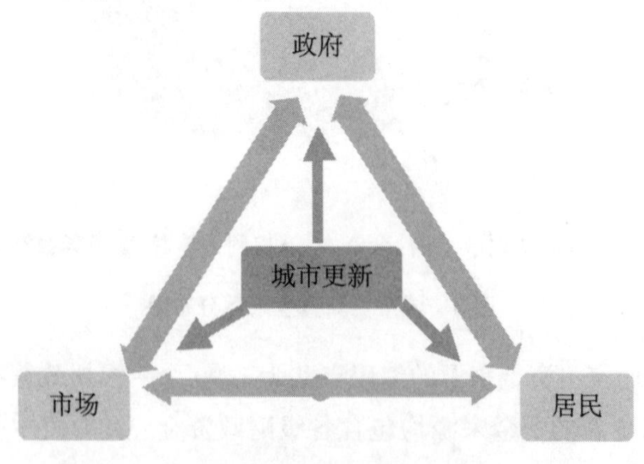

图4 城市更新主体分类

针对 108 份政策文件，运用 NVivo12 软件进行编码并统计分析，对政府、企业、居民三大类进行参考点汇总，如表 2 所示。

表 2 我国城市的城市更新主体分布表

	政府	市场	居民	合计
深圳	145	108	110	363
上海	132	89	100	321
广州	121	58	90	269
北京	128	58	75	261
佛山	90	63	75	228
珠海	42	38	39	119
重庆	39	32	36	107
西安	45	33	23	101
长沙	37	26	31	94
天津	31	25	27	83
昆明	36	17	28	81
厦门	31	14	17	62
无锡	21	16	19	56
兰州	30	6	18	54
贵阳	26	7	18	51
大连	28	10	13	51
中山	21	15	11	47
青岛	21	11	14	46
成都	18	17	11	46
宁波	22	8	16	46
济南	21	13	7	41
南京	17	6	13	36
唐山	11	9	9	29
福州	13	8	7	28
杭州	12	5	8	25
石家庄	10	8	5	23
合肥	10	3	9	22

通过 NVivo12 软件编码可以发现 38 个城市在政策工具的偏好方面均有不同，在主体分布的维度下，北上广深等一线城市位居前列，深圳合计编码数

共363个，远超其他城市。深圳作为改革开放的前沿阵地，城市规模和人口密度都高速增长，因此，它也率先遇到土地资源紧缺的难题，为缓解空间、资源、人口、环境“四个难以为继”的问题，深圳开启了城市更新的探索与实践，成为探索城市更新发展路径的“先行者”。2009年深圳市率先探索出以“政府引导、市场运作”为机制，以城市更新单元为核心，以市场为主导的更新模式。支持符合条件的企业在多样的资本市场开展融资活动，同时考虑当地物权人与空间的相互影响，为地产居住类的更新项目提供更多的公共服务。城市更新主体多，利益错综复杂，仅以政府为更新主体并不能完好地推动整个更新流程的实施，这也就意味着要加强居民自主参与的意愿，最大限度激发各类主体参与到市场和社区的更新活动中才能满足存量建设常态化的需求，北京、上海在居民参与这方面的措施较为完善，通过打造责任规划师以及社区规划师等“陪伴式”服务的模式，完善社区规划师制度，进而实现空间资源设定和利益分配，同时又合理调节城市的公共资源，维护社会公平。

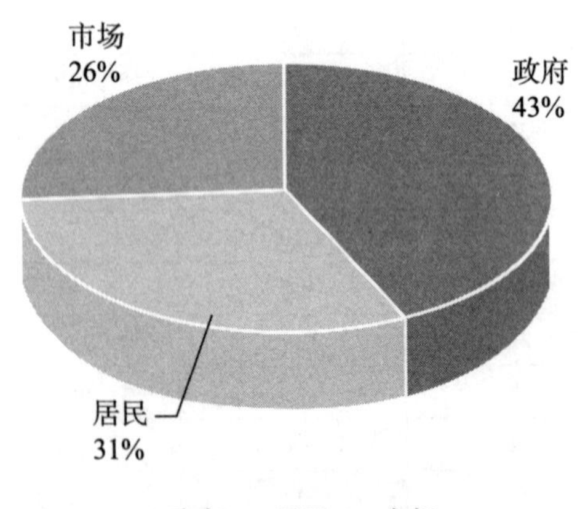

图5　城市更新主体构成分布图

其次可以发现，总体比较而言，主体构成的编码点共为2690个，根据政策编码的结果显示，38个城市更新的主体构成均包括政府、市场、居民三大类，城市更新项目以政府为主的特征突出，政府作为城市更新项目的总负责人仍然是城市更新的主力军，累计参考点为1158个，在三类主体构成的比重中约占43%；居民主体与市场主体参与较为均衡，参考点分别为829个以及703个，分别占31%以及26%，市场占比位居末位。在未来的城市更新进程中，由于利益主体众多，矛盾错综复杂且日益多样化与个性化，因此，政府需要加强自上而下的宏观统筹引导把控，从而避免自下而上的城市更新存在的视野和利益的局限性，要加强顶层设计，引导多元主体积极参与到城市更新进程中，打造政府、市场、居民协同共治的格局，从而整合多元目标即经济、社会、环境等提升城市更新的品质。

1.3 城市更新工具分析比较

由于罗斯威尔（Rothwell）和赛格菲尔德（Zegveld）以政策工具影响层面为标准的分类得到学术界的广泛认可①，因此研究将政策工具分为环境型、供给型和需求型三种进行分析。其中，供给型政策工具主要是指政府在规划管控、税收减免、公共服务、资金扶持、信息交流、用地供应、补偿安置、主体责任方面进行的支持，对城市更新起推动作用；环境型政策工具旨在为城市更新的发展打造良好的外部环境，其涵盖组织保障、制度保障、宣传推广、柔性执法、公众参与、监督考核，间接影响城市更新的进程；需求型政策工具目的在于拉动进行更新行为的主体的主动性，通过更新目标定位、试点示范项目、降低准入门槛、提高优惠额度、打造合作集体等放宽市场的限制，对城市更新起拉动作用。针对108份政策文件，运用NVivo12软件进行编码并统计分析，对供给型、环境型以及需求型三类工具的各项指标进行参考点汇总，如表3所示。

表3 我国城市的城市更新工具使用分布编码汇总

	供给型	环境型	需求型	合计
深圳	130	104	82	316
上海	124	99	50	273
北京	82	106	44	232
广州	83	55	65	203
昆明	94	50	37	181
重庆	62	76	40	178
中山	77	54	45	176

① 向超，温涛，任秋雨．“目标—工具”视角下宅基地“三权分置”研究——基于政策文本的内容分析和定量分析［J］．云南社会科学，2021（02）：136－144＋189.

续表

	供给型	环境型	需求型	合计
佛山	34	71	58	163
贵阳	72	40	22	134
合肥	81	34	9	124
唐山	80	21	11	112
无锡	34	27	21	82
天津	30	20	28	78
青岛	11	24	20	55
西安	25	16	14	55
成都	25	10	16	51
大连	23	12	14	49
福州	20	19	9	48
厦门	24	12	11	47
沈阳	21	18	6	45
南京	23	8	11	42
长沙	13	11	16	40
杭州	11	14	14	39
宁波	8	10	8	26
石家庄	5	6	11	22
济南	6	6	1	13
兰州	6	5	2	13

通过 NVivo12 软件编码可以发现 38 个城市在政策工具的偏好方面均有不同，在资金来源的维度下，北上广深等一线城市位居前列，深圳合计编码数共 316 个，远超其他城市，就供给型工具而言，深圳市政府较多考虑公共服务的提供以及基础设施的建设，在某种程度上可以消除由市场带来的不合理因素。其次在环境型政策工具的维度中，一些纲领性文件对政策方向起引领性以及指南的作用，而目标规划对于政策而言发挥着“引领”与“目的”的作用。除此之外，在编码的过程中发现宣传推广对整体的行动产生积极作用，有效增加人民的获得感以及参与度，因此要在此维度下加大城市宣传力度；在需求型政策工具的维度上，“打造合作集体”是响应并满足需求的一大手段，通过打造合作集体、引入物业管理机构、鼓励租赁运营企业加入城市更

新中，共同研讨城市更新的实施标准以及构想项目的预期成效，以凸显深圳城市更新的主体多元性。

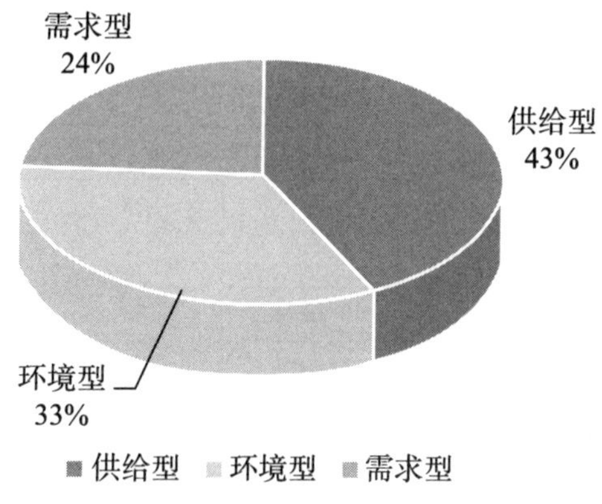

图6 城市更新政策工具使用分布图

可以发现，总体比较而言，工具维度的编码点共2770个参考点。根据政策编码的结果显示，城市更新的政策主要采纳供给型政策工具，累计参考点为1201个，且在三类工具的使用中占比约43%；环境型政策工具的使用适中，与供给型政策工具使用率较为相近，其涵盖938个参考点，占比约33%；需求型政策工具累计参考点最少，共678个，占比约24%。供给型、需求型、环境型三大类政策工具的参考点数量比例约为4：3：2，总体上呈现出强供给特征。

1.4 城市更新场域分析比较

资金的使用不仅包含“钱从哪儿来，钱让谁用，钱怎么用”的三大类问题，还得考虑“钱用到哪儿”，基于此，文章添加了“场域”维度的分析，场域分类下细化的指标借鉴《北京城市更新条例》中的划分方式，包括为了满足当下的迫切居住需求以及居住条件恶劣等而对旧住宅区、旧屋村等进行的修缮、维护以提升居住品质的居住类；为了促进产业发展，谋求产业的转型升级，而对现有的旧工业区、能源利用不满足社会发展要求的建筑物进行整治以推进有限资源提高质量效用的产业类；为解决规划范围内的基础设施、服务设施等进行风险排查，减少风险隐患，满足节能消防的要求，保障公共安全的设施类；为实现绿色发展的公共空间类；为满足绿色需求，加强节能减排工作以推动片区持续发展的区域综合类。

针对108份政策文件，运用NVivo12软件进行编码并统计分析，对居住类、产业类、设施类、公共空间类、区域综合类共五种类别的各项指标进行参考点汇总，如表4所示。

表4　我国城市的城市场域分布编码汇总

	居住类	产业类	设施类	公共空间类	区域综合类	合计
深圳	58	73	88	75	49	343
北京	56	62	72	42	40	272
上海	48	56	66	63	31	264
广州	52	48	44	52	51	247
重庆	32	24	32	42	16	146
珠海	17	42	34	27	21	141
佛山	16	16	23	15	60	130
长沙	19	42	23	8	11	103
天津	16	43	13	11	16	99
贵阳	18	47	10	10	6	91
西安	17	22	21	18	6	84
成都	15	15	10	18	26	84
青岛	18	22	9	12	15	76
无锡	17	20	11	10	13	71
宁波	10	8	13	17	21	69
厦门	16	21	12	14	4	67
兰州	17	18	12	11	8	66
中山	16	13	10	11	12	62
南京	22	15	13	5	6	61
石家庄	16	14	7	21	3	61
济南	15	23	10	4	8	60
昆明	11	9	11	14	14	59
杭州	13	10	11	12	12	58
唐山	21	12	14	4	4	55
福州	22	12	8	7	3	52
大连	11	12	11	12	4	50
合肥	11	12	11	4	4	42

通过 NVivo12 软件编码可以发现 38 个城市在政策工具的偏好方面均有不同，在资金来源的维度下，北上广深等一线城市依旧位居前列，深圳合计编码数共 343 个，北京合计编码数达 272 个，上海和广州在此维度下编码数分别为 264 和 247 个。场域分析主要是为了确保更新的全面性并且反映其紧迫程度，资金的运转不仅要把握用给谁、怎么用，也要确保使用得精准与全面。

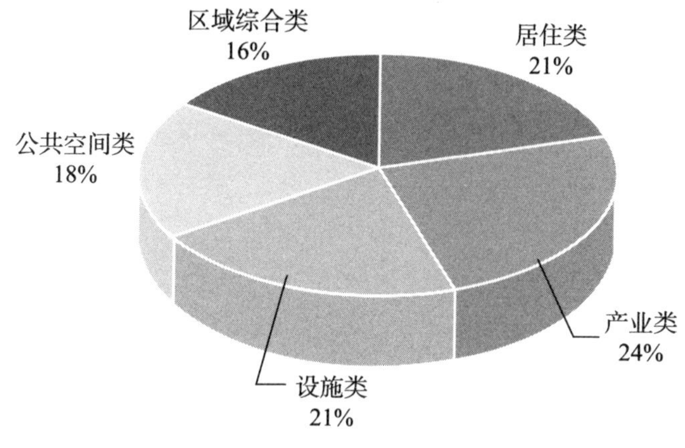

图 7　城市更新政策场域分布图

可以发现，总体比较而言，工具维度的编码点共 2913 个参考点。根据政策编码的结果显示，城市更新的政策均涵盖居住类、产业类、设施类、公共空间类、区域综合类五大类，主要服务于产业类，累计参考点为 711 个，且在三类工具的使用中占比约 24%；除了公共空间类与区域综合类两维度外，其他场域分布较为均匀，居住类与设施类的更新方向最为接近，其分别涵盖 600 个与 599 个编码点，各占总体的 21%，相比较而言，区域综合类的分布最少，未来要加强对区域综合类的资金的投入力度，加强城市更新的整体性工作。

2　我国 38 个重点城市更新资金政策分析发现

2.1　资金来源比较分析

在资金来源的比较中可以发现，北上广深城市位居前列，就政策类内容细化可以发现，这些城市都进行了政策的丰富与完善，比如对于一些市政、公共通信、电力等企业实行适当降低收费，成都市在这一方面采取了对特定项目进行调减改造主题所需补缴的土地出让款金额，如对于住宅或者商服用地进行7到9的折扣优惠，北京则是在定期期限进行“过渡期政策”配置，天津与重庆也设置了相关的减免政策，辅助市场的发展。除此之外，北上广深对于公益性建设行为也进行容积率奖励的制度，但是要注意在产权交易、硬性指标规定、补偿标准等方面存在政府设定不合适、攀比现象严重的情况，最终可能导致城市更新的成本高，财政失衡风险大。

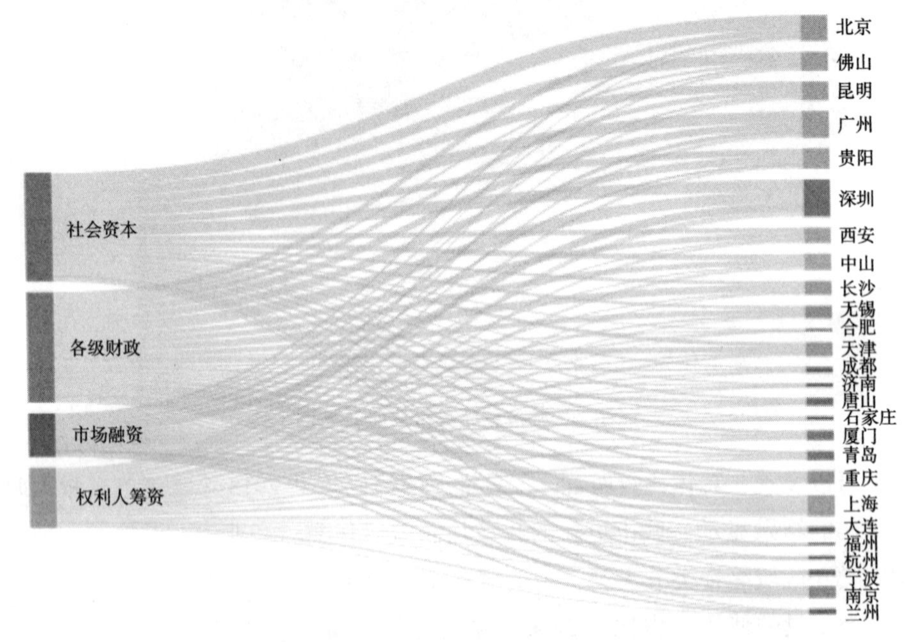

图8　城市更新政策资金来源分布图

2.2　主体分析比较

从图9可以发现，我国城市更新符合政府为主体的更新模式，北上广深的使用频度居于首位，佛山、重庆、西安紧随其后，这与出台的政策数量具有紧密的联系。首先，市场主体占比较小也反映出政策对于市场融资方面存在缺失，市场主体缺乏公开的参与路径，规划的刚性极大地束缚了土地市场的资源配置，其次，尽管不同地域的政策都对市场主体参与渠道进行了规定与设置，但是比较而言发现其参与渠道与环节都有一定的约束，这也加剧了商业风险，市场难以通过其获得更高质量的服务水平。

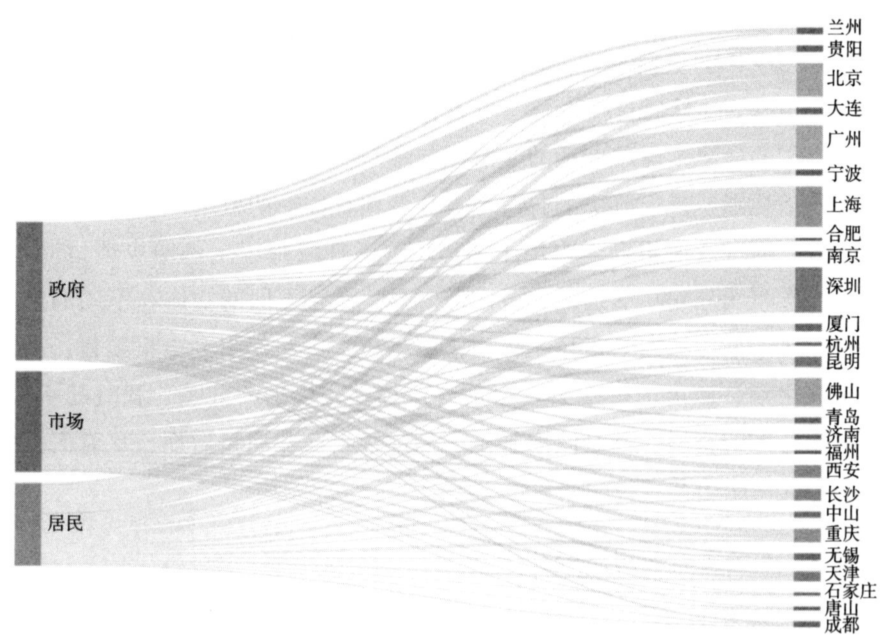

图 9　城市更新政策主体分布图

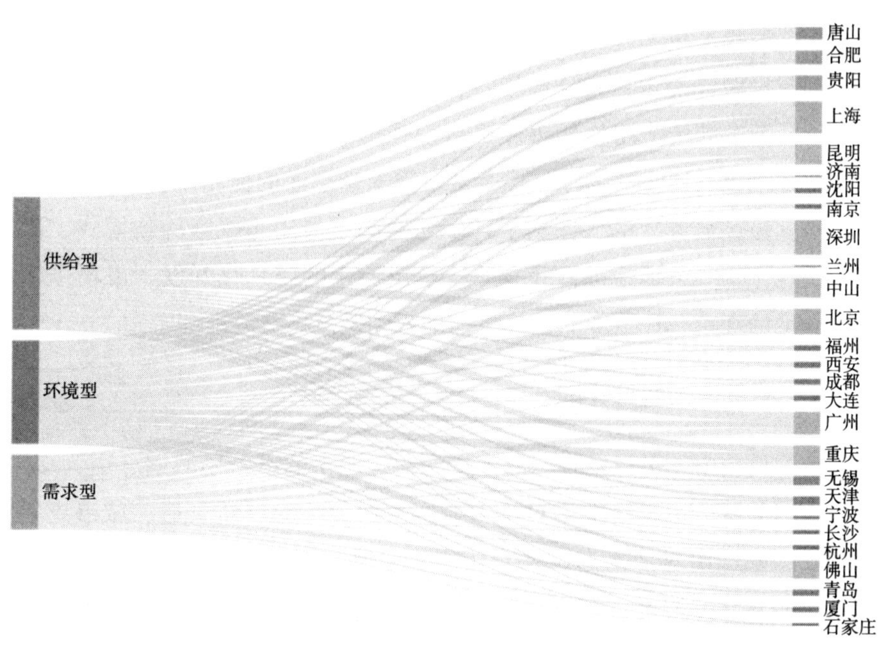

图 10　城市更新政策工具使用分布图

相比于北京、上海、广州三座城市，深圳从最初就比较重视以政府为主导、市场为主体的更新方式。通过政府出台要求，市场根据要求寻求业主，业主去申报计划，然后自发形成一种行情来进行拆迁补偿，所以在整个更新层面，深圳的优势体现在市场的灵活度与参与程度比较高，大部分的问题也是在政府的规则下自行解决的，这也意味着项目推动的效率、积极性较其他城市更快。通过政府搭台，市场主体运用灵活性解决了一些历史遗留问题。诚然，主导权的分配并不是说完全由谁主导，而是不同的主体在不同的阶段相对参与多一点。早期是市场主体占主要地位，按照规则去申报项目，后期简政放权之后，政府的影响力较以前有所加强。规划的统筹、利益的平衡、拆迁补偿标准的指引，都是政府加强引导的体现。在项目后期，政府更多的是监管，是一个公共利益的调整。

2.3 政策工具使用比较

而在城市更新政策工具使用中，根据图 10 所示，各个城市对于三种类别的政策工具的偏好程度不同，绝大多数城市存在供给过溢的现象，其表现为供给型政策工具利用度过高，在供给型维度下，政府侧重满足公共服务，较少提供相关税收、技术等方面的支持。因此，首先，在机制重构中，政府应当考虑创新投融资模式、充分利用各种空间形式的激励工具与土地、资金等要素，依托现有的产业用地的服务平台加强信息支持以完善现存机制，推进城市更新系统化发展；其次，在环境型与需求型层面的使用中，北京、上海、广州、深圳通过地方立法，探索了许多功能调整与用途兼容等新模式，逐步完善与用地调整政策适应的政策体系，解决原来的碎片化开发、市场主体自行跑马圈地的现象，让更多的实施主体加入到城市更新的进程中。

2.4 城市更新场域比较

在政策比较中，可以发现，北上广深四大城市的更新场域划分更为多元，而发展较缓的城市主要集中于对于工业区与产业区的更新改造。城市更新应当既满足国家层面对于生态文明、记得住乡愁、不大拆大建等理念的要求，又要在新的发展形势之下进行调整，保护历史文脉、保护古建筑、加强城市设计、加强拆除重建片区和综合整治保留片区的协调、提高微更新比例、提升有机更新的要求，这就迫切需要对原来单一的更新方向的弊端进行纠偏。

要实现片区的综合性发展，但是也不要失去地区的特殊性，强化其特性。

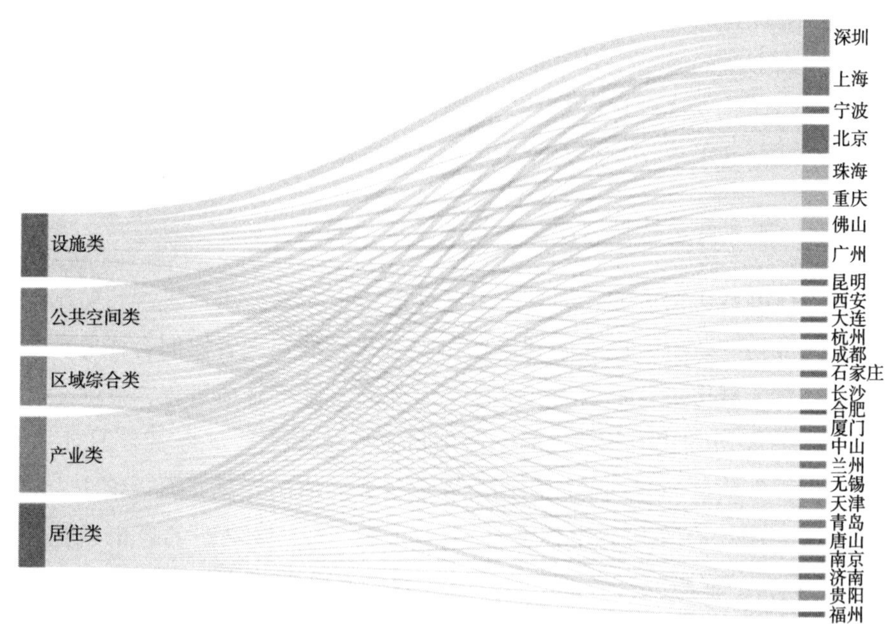

图 11　城市更新政策场域分析分布图

3　我国城市更新资金政策完善建议

城市更新行动是一项复杂、多样的系统性工程，结合上述的资金政策梳理与分析，发现我国城市更新在资金政策设计方面仍然存在一定缺陷，为了更好地推进城市更新行动，适应未来新的发展趋势，提出以下建议：

3.1　提高财政资金效能，优化多元工具组合

城市更新对公共投资有巨大的需求，地方政府为了让城市更新项目顺利推进，在巨额的公共基础设施投资需求以及财力与事权不匹配的体制约束下逐渐形成了“卖地融资”“举债融资”和“合作融资”三种城镇化建设的筹资模式，但它们都蕴含不同程度的财政风险。从统计结果可以发现，各个城市的资金来源不同，绝大多数城市更偏重于各级财政拨款，然而政府过于侧重满足公共服务的需要，而较少给改造者提供相关土地、税收、技术等方面的支持，一定程度上限制了市场主体的积极性。结合国外经验，未来要积极

拓宽其他资金来源渠道，满足政府财政紧缩的背景下对城市更新资金的需求，政府应当在保持原有公共服务方面的配置上加强对企业资金的扶持，充分利用各种空间形式的激励工具与土地、资金等要素，依托现有的产业用地的服务平台加强信息支持，打造动态化的信息沟通机制，进而形成科学有效的决策体系，满足城市更新的前瞻需求，为城市更新提供政策保障。

3.2 加大资金扶持力度，拓宽主体参与渠道

在主体利益协调方面，通过学习国外城市更新形式可以发现，英国的城市更新从最初的政府主导发展到市场作为主体，再到三者协同合作并存的局面，公众参与城市更新的过程，也进一步推动了城市更新进程，打破了“自上而下”的规划方式。相较而言，深圳市政府给予下级部门更多的自主性，在改造过程中注重各方利益的协调，尊重多数群体的意见，通过给予专门的绿色通道，让政府等利益主体共享城市发展红利，该融资的逻辑也是在于“政府—社会—市场”三者的有机互动，政府以公共投资来提升社会发展环境，同时可以吸引更多的社会主体参与提升区域的房产价值，进而增加税收收入，减轻对于早期公共支出的压力，由于此项政策加大了政府的主动性，保障了一定的公共利益，也降低了社会资本风险。但是深圳也存在鼓励与实验性的双重特点，对城市更新进程还是有所影响，未来要加强对“试点示范项目”的打造与经验总结，降低相关举措的风险和试错成本，同时要加大政策的宣传力度，宣传不仅有利于社会共识的实现，还能更好地推进城市更新行动。

3.3 增强资金运转能力，完善债务闭环机制

大部分城市改造项目的融资方式都以国家财政支持和地方发放融资债券为主，然而这些行为不仅给当地政府带来一定的债务压力，还会诱发潜在的财政危机。可见，想要全凭政府进行财政拨款推进城市更新发展并非长远之计。政府规划统筹的目的是解决原来的碎片化开发、市场主体自行跑马圈地的现象，碎片化的更新将会使规划变成打补丁式的规划，利益协调也是为了减少“挑肥拣瘦”的市场倾向。如何实现“高质量的城市更新”，首先要完善政府治理模式，适度提高地方政府的举债额度，支持地方政府实现自身的良性发展，完善其具有明确收益的融资制度机制；其次要完善政企合作，消

除异化的形势，支持市场化融资担保，同时要健全长效管理机制，让地方事权与财政运行能力相匹配，减小地方举债压力，全方位推进债务公开，强化法律保障。

3.4 优化资金供需方向，满足空间开发需求

不同城市对于其自身的发展需求都提出了不同的分类方式。首先，城市更新的重点不是未来资金投入划分的规定，而在于土地产权的处理，在对不同城市的政策分析中可以发现其都有一定的共同之处。但是无论是从市场环境、城市公共空间需求还是城市品质来看，新时期城市更新具有更强的公共价值导向，改造成本高、资金回报周期长都意味着资金的流向必须精确科学。其次，从政策分析的结果上可以发现，城市更新目前围绕设施、住宅、产业的政策部署较多，且都进行了明确的规定，但是单一的城市更新并不是大势所趋，真正意义上的城市更新是产业与综合功能的结合，住宅区与公共空间要求的多元融入等方式。政府对此应当多元化引入资金，在经济可行的基础上根据市场的发展逻辑，将土地功能进行调整与组合，进而带动整体的向好发展，企业也应该对自身资源进行剖析，有步骤、有侧重地进行申报类型的选择与聚焦，满足空间环境的发展需求。

3.5 创新更新收益方式，完善资金回流机制

与传统的单个项目开发相比，城市更新行动关系面广，开发体量大、内容多，涉及保留、扩建、拆迁、基础设施建设、公共设施开发以及产业开发运营等环节，整个项目周期长，资金需求量较大，无论是政府方、物业权利人、社会资本还是金融机构，他们进入与否取决于此项目能否做到收益与融资的平衡。目前关于城市更新收益平衡模式的研究主要聚焦于综合整治类、改扩建类、拆除重建类项目，亟须探索通过大片区统筹平衡、跨片区组合平衡、区内自平衡、政府引导的多元化投入改造等多种模式实现资金平衡的可能性。但目前城市更新项目种类繁多，且每个项目中的产权问题、利益问题纷繁复杂，很难通过一种或一套模式来解决现存所有项目的难题，未来还需对城市更新项目进一步梳理，以“一类一议”的模式对项目进行收益方式的探讨。

人工智能赋能城市规划的伦理准则与规制路径研究[①]

温锋华　蒋雅婷　王鲁青

摘要：人工智能是新质生产力的重要驱动力，也是推动城市治理能力现代化的重要体现。面对人工智能赋能城市规划的道德伦理问题，本研究分析梳理了人工智能参与城市规划的现有政策和实践，总结出目前人工智能应用主要存在主体性、透明性、数据隐私和算法歧视等伦理问题，为此，人工智能应用至城市规划应遵守包容性、多样性、透明性和责任性等准则。并且从制度化困境的突破、城市规划者与人工智能的关系以及规划自动化步骤等方面提出人工智能赋能城市规划的路径思考。

关键词：人工智能；城市规划与治理；伦理准则；规制路径

1　引言

人工智能（Artificial Intelligence）推动着人类社会逐渐迈入智能化时代，其作为一门科学，至今已走过了七十余载的发展历程。近年来，人工智能技术的迭代和发展取得了显著进展。从 ChatGPT 显示出的基于大语言模型人工智能的强大实力，到 Sora 开发视频生成模型作为世界模拟器的愿景[②]，均展现了人工智能应用的广阔前景。中国“十四五”规划纲要明确提出推动人工

---

① 作者简介：温锋华，中央财经大学政府管理学院副教授、博士生导师，研究方向：城市规划与管理；蒋雅婷，中央财经大学政府管理学院硕士研究生；王鲁青，中央财经大学政府管理学院硕士研究生。

② 何静，沈阳．作为虚拟与现实双向窗的 Sora：重塑媒介实践与传播生态［J］．新闻与写作，2024（05）：71－80.

智能核心技术发展，上海市等地方政府也相继出台了支持人工智能产业的具体措施，相关技术的研发与应用正如火如荼地展开。随着人工智能技术与各学科领域的交融互通，其在城市规划中的应用作为该学科领域的标志性变革，正在成为推动城市发展的重要力量①。人工智能的赋能不仅可以辅助城市规划决策，提高规划工作效率，还能为解决城市复杂问题提供新的视角和工具②。

人工智能赋能城市规划的研究最早可以追溯至20世纪80年代③，以建立知识库的知识驱动型专家系统（ES）为起点，但其在城市规划知识提取与表达方面遇到了较大困难，而2010年以后兴起的机器学习则依靠数据训练巧妙规避了规划知识模糊、难以输出等问题④，与融合了多种机器学习技术的人工智能内容生成（AIGC）在城市规划分析与成果生成方面取得较大进展⑤。现有研究从城市数据分析、数字孪生、智慧城市、环境监测等方面对人工智能进行了多角度探索，为规划者在规划理念可视化、规划场景生成、空间利用优化等方面提供了高效直观的有力工具⑥。在理论方面，人工智能在城市规划领域的应用催生了技术实现论和技术驱动论两种主要的理论观点⑦：技术实现论关注城市现实变革，认为人工智能可以促进包含空间全要素的规划范式发展，在人与空间交互的AI城市等方面取得重大突破⑧；技术驱动论认为，人工智能在驱动城市规划过程中更多关注于“人—技术—空间”的互动，为数字孪生城市建设等提供技术支撑⑨。

然而，技术的双刃剑特性要求我们必须在享受人工智能带来的便利的同

---

① 吴志强．人工智能辅助城市规划［J］．时代建筑，2018（01）：6－11.

② 程明骏，朱云辰，郑昕文，等．从大空间“实体”到大模型“数字”——人工智能背景下未来城市规划及管理的构想［J］．建筑与文化，2023（08）：102－105.

③ Ortolano L.，Perman C.，A planner's introduction to expert systems［J］. Journal of the American Planning Association，1987，53（1）：98－103.

④ 钮心毅，林诗佳，桑田，等．数字化规划技术——数据与知识［J］．城市规划学刊，2024（02）：18－24.

⑤ 甘惟，吴志强，王元楷，等．AIGC辅助城市设计的理论模型建构［J］．城市规划学刊，2023（02）：12－18.

⑥ 肖哲涛，寿新民，杨赟澎，等．创新城市——AI带给城市规划的巨大变化［J］．中外建筑，2024（01）：16－20.

⑦ 姚冲，甄峰，席广亮．2023年城市AI研究热点回眸［J］．科技导报，2024，42（01）：306－313.

⑧ 吴志强，甘惟，刘朝晖，等．AI城市：理论与模型架构［J］．城市规划学刊，2022（05）：17－23.

⑨ 甄峰，席广亮，张姗琪，等．智慧城市人地系统理论框架与科学问题［J］．自然资源学报，2023，38（09）：2187－2200.

时，审慎考虑其在城市规划中的伦理问题。当前，对人工智能的担忧集中在算法歧视①、数据安全性②、过程透明度和隐私保护③等方面，此外，大语言模型的黑箱特性也增加了出现问题后责任溯源的难度④。一系列不完善性、风险性和不确定性带来了人工智能发展的“科林格里奇困境”，即在早期对技术实施控制可能抑制技术发展，而在晚期想要采取措施时技术可能已经失控⑤。因此，城市规划领域在应用人工智能时，需要在谨慎确保使用过程和结果的合规性和公正性的基础上，深入思考人工智能赋能城市规划的伦理准则与规制路径，以期实现技术进步和伦理安全的平衡。

2 人工智能赋能城市规划的现有政策研判

我国在人工智能领域出台了多项政策措施，涵盖技术创新、产业生态构建、重点领域应用等多个方面，旨在通过政策支持和资源投入，加速关键技术的发展，推动人工智能与实体经济的深度融合，在技术变革浪潮中占据优势地位。在人工智能赋能城市规划方面，现有政策从全局出发，关注城市整体布局，将发展与技术融为一体，显示出较强的全面性与前瞻性（表1）。目前人工智能赋能城市规划政策特点如下：

以大数据为基础。人工智能的发展离不开大数据的支撑。人工智能需要城市大数据作为训练样本，建立分析与预测模型，发现隐藏在数据中的规律和趋势，为城市规划提供决策辅助⑥。《新一代人工智能发展规划》提出要“建设城市大数据平台”，“十四五”规划中要求“加快城市数据融合”，可见大数据在人工智能赋能城市规划中的基础作用。

---

① 阳镇，陈劲．数智化时代下企业社会责任的创新与治理［J］．上海财经大学学报，2020，22（06）：33－51.

② 施敏，杨海军．生成式人工智能的算法伦理难点分析与探索［J/OL］．大数据，1－9［2024－05－28］．http：//kns.cnki.net/kcms/detail/10.1321.G2.20240408.1823.002.html.

③ 汪庆华．人工智能的法律规制路径：一个框架性讨论［J］．现代法学，2019，41（02）：54－63.

④ 施敏，杨海军．生成式人工智能的算法伦理难点分析与探索［J/OL］．大数据，1－9［2024－05－28］．http：//kns.cnki.net/kcms/detail/10.1321.G2.20240408.1823.002.html.

⑤ 文成伟，汪姿君．预知性技术伦理消解AI科林格里奇困境的路径分析［J］．自然辩证法通讯，2021，43（04）：9－15.

⑥ 钮心毅，林诗佳，桑田，等．数字化规划技术——数据与知识［J］．城市规划学刊，2024（02）：18－24.

表 1　人工智能赋能城市规划的相关政策

时间	名称	涉及内容
2017 年 7 月	《国务院关于印发新一代人工智能发展规划的通知》国发〔2017〕35 号	建设城市大数据平台，构建多元异构数据融合的城市运行管理体系，实现对城市基础设施和城市绿地、湿地等重要生态要素的全面感知以及对城市复杂系统运行的深度认知；推进城市规划、建设、管理、运营全生命周期智能化
2021 年 3 月	《中华人民共和国国民经济和社会发展第十四个五年规划和 2035 年远景目标纲要》	分级分类推进新型智慧城市建设，将物联网感知设施、通信系统等纳入公共基础设施统一规划建设，推进市政公用设施、建筑等物联网应用和智能化改造。完善城市信息模型平台和运行管理服务平台，构建城市数据资源体系，推进城市数据大脑建设
2022 年 1 月	《国务院关于印发“十四五”数字经济发展规划的通知》国发〔2021〕29 号	结合新型智慧城市建设，加快城市数据融合及产业生态培育，提升城市数据运营和开发利用水平
2022 年 7 月	《住房和城乡建设部 国家发展改革委关于印发“十四五”全国城市基础设施建设规划的通知》建城〔2022〕57 号	加快新型城市基础设施建设，推进城市智慧化转型发展。建设高速泛在、天地一体、集成互联、安全高效的信息基础设施，增强数据感知、传输、存储和运算能力，助力智慧城市建设
2022 年 7 月	《关于加快场景创新以人工智能高水平应用促进经济高质量发展的指导意见》国科发规〔2022〕199 号	围绕安全便捷智能社会建设打造重大场景。城市管理领域探索城市大脑、城市物联感知、政务数据可用不可见、数字采购等场景
2022 年 11 月	《“十四五”城镇化与城市发展科技创新专项规划》国科发社〔2022〕320 号	城镇化与城市发展科技创新要紧密结合我国城镇化进程需求，以满足人民日益增长的美好生活需要为根本目的，提高城镇规划建设科学化水平与城市运行智慧化水平……研究基于多维空间传输的城市空间数字规划设计方法；研发具有自主知识产权的图形引擎技术；研发城市设计方案智能生成与仿真技术
2023 年 11 月	《支持城市更新的规划与土地政策指引（2023 版）》自然资办发〔2023〕47 号	以智慧建设、智慧服务、智慧治理为导向，鼓励在城市更新中采用数字化技术手段，提高城市数字化、网络化、智能化水平，推进智慧城市建设
2024 年 5 月	《深化智慧城市发展推进城市全域数字化转型的指导意见》发改数据〔2024〕660 号	完善城市运行管理平台，深化“一网统管”建设，推动城市规划、建设、管理、运维全过程各环节数据融通

资料来源：作者根据相关资料整理。

以全周期智慧城市建设为导向。“十四五”相关规划中多次提到“智慧城市”“城市智慧化”等关键词，《新一代人工智能发展规划》提出“城市全生命周期智能化”，《深化智慧城市发展推进城市全域数字化转型的指导意见（征求意见稿）》也指出要“推动城市规划、建设、管理、运维全过程各环节数据融通”。通过技术与规划、建设、管理、运营的结合，有效解决城市面临的各类问题，打造紧密围绕人民需求的城市智慧化转型是人工智能赋能城市规划的重要导向。

以多元技术创新为引领。《“十四五”城镇化与城市发展科技创新专项规划》中明确提出要研究城市空间数字规划设计方法、图形引擎技术、设计方案智能生成技术以及城市仿真技术等。技术驱动创新是无法阻挡的大趋势，人工智能浪潮也要求规划工作完成新旧技术的优势互补与融合。

在人工智能规范化方面，2023 年 7 月 13 日，国家网信办等七部门联合发布了《生成式人工智能服务管理暂行办法》，作为生成式人工智能成文法领域的滥觞，为后续人工智能法律的制定打下了良好基础①。其与后续配套性技术文件，在生成式人工智能的语料来源、个人隐私保护、生成内容安全等方面作出了具体规定，体现了我国在建立人工智能治理规则方面的决心，也为人工智能赋能城市规划的相关探索提供了一定程度的前瞻性制度保障。

3　人工智能赋能城市规划的伦理问题与准则

3.1　伦理问题

在城市规划中，人工智能系统可以通过分析大量数据来预测城市发展趋势，并自动生成规划方案。这种自动化决策过程虽然高效，但可能导致人类过度依赖技术。城市规划是一个需要持续的理论创新和实践创新的过程，人工智能的广泛应用可能会减少管理者在这一过程中的思考和创新机会，这不仅可能抑制人类的积极性和创造性，减少人类在规划过程中的参与度，从而

① 张凌寒．中国需要一部怎样的《人工智能法》？——中国人工智能立法的基本逻辑与制度架构［J］．法律科学（西北政法大学学报），2024，42（03）：3－17.

削弱人的主体性地位①，还可能会影响城市规划的质量和效果。例如，洛杉矶的无家可归者管理系统通过“弱势指数”算法自动评估、比较和识别潜在成为无家可归风险的群体，市政府进而针对性地为面临无家可归的人群提供住房、医疗和职业培训等服务帮助和支持。这种自动化决策方式虽然可以快速识别出无家可归者，但同时也引发了关于算法可靠性和公正性的道德质疑②。

3.1.1 透明性问题

城市规划是一个涉及多方利益相关者，需综合考量众多因素的复杂系统工程，人工智能系统与数据的频繁交流和互动是获取信息、提供建议及规划决策的关键环节。如若该交流与互动过程缺乏透明度，抑或是人工智能决策系统缺乏可追溯性与可解释性，将导致人类难以明晰系统理解信息、处理信息和决策的具体逻辑，可能引发误解与信任缺失。更为严重的是，透明度与可解释性的缺失可能催生“数字权威”现象。在城市规划领域，如果人工智能系统的决策过程如同黑箱操作，用户无法理解其决策依据与逻辑，这种不透明的决策机制可能演变为数字时代的权威统治，导致权力集中与滥用，损害公众利益。

3.1.2 数据隐私问题

物联网设备能够感知并收集大量的个人信息，包括用户的地理位置、行为习惯、健康数据等信息数据，这些信息可能被随意感知，甚至被转移到云存储等其他存储介质中③，如果这些数据被不当使用或泄露，将对用户的隐私造成威胁。而且，任何接入互联网的工具或平台都面临着黑客攻击或数据泄露等安全风险。城市规划中的人工智能系统需要处理和存储大量的数据，这些数据往往具有价值高、种类多、社会联动性等复杂属性，一旦数据被黑客窃取或泄露，不仅严重侵犯个人隐私，还可能对整个城市规划的安全性和稳定性造成影响。

---

① 马国洋，丁超帆，胡锴溥．智慧城市发展的制度化保障路径［J］．城市发展研究，2023，30（09）：1－4.

② 弗吉尼亚·尤班克斯．自动不平等——高科技如何锁定、管制和惩罚穷人［M］．李明倩，译，北京：商务印书馆，2021：80.

③ 张毅，陈友福，徐晓林．我国智慧城市建设的社会风险因素分析［J］．行政论坛，2015，22（04）：44－47.

3.1.3 算法歧视

人工智能模型的训练依赖于大量数据，如果这些数据本身存在偏见，那么模型学习到的模式和规律将不可避免地反映这些偏见①。例如，如果训练数据过度代表某个群体的特征，而忽视了其他群体，模型在实际应用中可能对未被充分反映的群体产生不利影响。实际中，弱势群体的信息数据相对匮乏，这可能导致人工智能系统在进行城市规划决策时无法充分考虑这些群体的需求和利益。例如，如果人工智能在分析城市交通流量时主要依赖智能手机应用收集的数据，那么不擅长使用智能手机的老年人可能不会被纳入数据分析，导致他们的出行需求被忽视。

3.2 准则

3.2.1 包容性

在人工智能赋能城市规划的进程中，包容性是确保技术进步惠及所有居民的关键准则，强调共同利益，并确保包括弱势群体在内的所有居民，都能在城市规划中找到满足其期望的互动方式②。弱势群体可能因社会经济地位、文化背景或智能设备使用能力有限等数字鸿沟问题而被传统规划过程所忽视，未来应该在城市规划基础设施和服务供给中，增设面向数字弱势群体权益保护的特殊功能。数据的质量和代表性直接影响人工智能模型的准确性和公正性，城市规划者可以通过采用创新的数据收集方法，确保数据收集过程的广泛性和多样性，以减少因数据不完整或代表性不足等问题导致模型训练中的偏见，例如众包数据、传感器网络等，从而获得更加全面、综合的城市居民行为和需求信息。

3.2.2 多样性

多样性原则要求城市规划者利用人工智能技术识别和理解不同群体的需求。人工智能可以通过分析多源数据来揭示不同居民的行为模式、偏好和需求，避免由于数据偏差导致的不公正结果，帮助规划者设计出更加符合居民

---

① Engin Z., Dijk V., Lan T., et al. Data - driven urban management: mapping the landscape [J]. Journal of Urban Management, 2020, 9 (2): 140 - 150.

② Andrews C., Cooke K., Gomez A., et al. AI in Planning: Opportunities and Challenges and How to Prepare [M]. American Planning Association, 2022, 9: 40.

实际需求的城市规划方案，包括社交媒体数据、遥感数据、物联网传感器数据等，这些数据可以为城市规划决策提供多样性和动态性的分析依据。人工智能技术在城市规划中的应用还需要考虑不同居民的价值观，城市规划不只是物理空间的布局，更是社会价值观的体现。人工智能可以通过自然语言处理技术分析社交媒体、在线论坛等渠道的文本数据，以了解不同群体对于城市规划的看法和期望，从而在规划过程中平衡不同利益相关者的需求。城市规划是一个涉及多个领域的复杂系统，涵盖社会学、环境科学、经济学等，促进跨学科交流合作，有助于规划者更全面地剖析城市规划问题，及时识别和纠正潜在的偏差，并设计出更加综合和平衡的城市规划方案。

3.2.3 透明性

透明性原则要求人工智能技术在城市规划中的工作原理和数据来源必须公开透明，以便规划者和市民能够充分理解并监督技术的应用。首先，人工智能技术的工作原理需要透明。城市规划者必须了解人工智能模型是如何工作的，包括其算法的决策逻辑、数据处理流程以及预测和推荐生成的方式。这种透明度有助于规划者评估人工智能的可靠性，确保其决策过程符合城市规划的目标和原则。其次，城市规划者需要明晰人工智能所依赖的数据来源和数据内容，包括数据收集的方法、数据来源可靠性、数据的代表性和质量，以及数据集中包含的信息类型，如人口统计数据、交通流量数据、环境监测数据等，了解数据内容有助于规划者判断人工智能系统是否能够全面地反映城市的实际状况。最后，规划者需要将人工智能技术的工作原理、数据来源和内容等信息有效地传达给市民，这有助于提高市民对人工智能技术在城市规划中应用的理解和接受度，也有助于市民参与到城市规划的过程中，提出宝贵的意见和建议。

3.2.4 责任性

责任性要求明确规划者、政府、企业、社会组织以及其他参与者在人工智能应用中的角色和责任。规划者作为人工智能技术应用的直接参与者，需要对技术的选用、部署和监督承担责任，应确保选择和应用的人工智能技术符合城市规划的目标和原则，同时考虑到技术的社会影响和潜在风险。政府在人工智能赋能城市规划中扮演着监管者和政策制定者的角色，建立健全相关法律法规以确保人工智能技术的应用不侵犯个人隐私、不造成数据泄露或滥用、人工智能风险应对等。此外，政府还应通过政策引导和资金支持，鼓励人工智能技术的创新和应用，同时确保技术发展符合社会伦理和公共利益。企业作为人工智能技术提供者，需要对其技术的质量和安全性承担责任，确保人工智能产品符合行业标准和法规要求，同时提供必要的技术支持和培训，提高规划者利用人工智能技术分析处理的能力。城市规划者应当致力于从纵向历史规划实践、横向其他城市实践中汲取经验教训，并据此优化改善规划策略，促进人工智能技术与城市决策和规划的协调统一①②。这一过程涉及对规划成效的动态性、系统性评估，以及对规划方法论的周期性反馈与更新，可以确保城市规划与时俱进，实现规划过程的持续优化和可持续发展。

4 人工智能赋能城市规划的规制路径思考

4.1 制度化困境的突破

4.1.1 以法律为导向构建动态化限制性规则

构建以法律为核心的多层次指导性规则体系，可以为人工智能赋能城市规划提供坚实的制度化支撑，也是确保人工智能技术合理运用的前提。2012年《关于开展国家智慧城市试点工作的通知》为人工智能参与城市规划提供了方向指引，但随着技术的发展，需要进一步明确人工智能在城市规划中的角色和功能，明确人工智能在城市规划中参与的制度化保障构建方向，以确保技术应用的合法性与合理性。从应用范围方面来看，需要构建一套全面覆盖的人工智能参与城市规划不同领域的规则体系与伦理标准。这不仅要求在宏观层面制定统一的指导方针，而且需要针对各个城市的特定情况，在微观层面制定具体的执行细则，以促进人工智能技术与城市规划的有效整合。在目标设定方面，规则设计应超越单一的城市发展目标，更加关注权利保护等维度，不仅需要追求人工智能应用效率和效益的最大化，还应充分保障公民

---

① Wu N., Silva E., Artificial intelligence solutions for urban land dynamics: A review Journal of Planning Literature [J]. Sustainable Cities and Society, 2010, 24 (3): 246-265.

② Wang Y., Zhang N., Zhao X., Understanding the determinants in the different government AI adoption stages: Evidence of local government chatbots in China [J]. Social Science Computer Review, 2022, 40 (2): 534-554.

的基本权利，如隐私权和知情权。此外，还需要密切关注人工智能技术的发展动向，并从法律的角度对规则进行审视和调整，以确保人与技术的和谐共生，并防止技术滥用。

4.1.2 以问题为导向构建动态化限制性规则

为应对人工智能可能带来的决策主体性、公正性以及算法偏见等问题，亟待构建一套动态化的限制性规则。首先，关于决策主体性问题，需要明确人工智能在城市规划中的功能角色。虽然人工智能能够提供数据分析和模式识别等服务，但最终决策权应保留在人类规划者手中，人工智能提供的“建议”或“预测”应被视为众多决策依据之一，而非直接的决策结果。结合人工智能分析结果做出的决策，规划者还应当公开明确解释其决策理由，以确保决策过程的透明性和可追溯性。

其次，关于公正性问题，应从源头上进行治理。一方面，算法设计应吸纳具有不同学科背景的专家参与，通过跨学科学习借鉴，增强算法的多元性和包容性，尽可能避免数据偏差、算法偏见、算法设计不当等因素造成的偏误。另一方面，建立算法审查机制，对算法进行全面的审查和评估，确保算法在投入使用前不存在侵犯权利的因素。一旦发现问题，应立即要求算法设计者进行修正，必要时可暂停算法的应用以规避潜在风险。此外，规划者需要以动态化的人工智能的调整机制提升城市规划问题应对能力，借助大数据和人工智能等智能化技术对城市环境开展实时的分析评估，增强城市规划的动态监测和决策支持能力，提高规划决策的精确性、响应性和可持续性①。

4.1.3 “以人为本”构建多角度保障性规则

随着人工智能技术的广泛应用，其对公民权利的潜在影响也日益凸显，首先，需要构建起以“以人为本”为原则的多角度保障性规则，例如，知情权、决策反对权和寻求救济权等。这一规则为公民提供了参与城市规划和监督人工智能应用的法律基础，不仅有助于增强公民的主体地位，也有助于提高城市规划的透明度和公正性。

其次，明确城市规划过程中公民权利被侵犯时的处理措施是保障性规则的重要组成部分。一是补救类措施的引入，如数据的适度处理、算法的停止

---

① Son T., Weedon Z., Yigitcanlar T., et al. Algorithmic Urban Planning for Smart and Sustainable Development: Systematic Review of the Literature [J]. Sustainable Cities and Society, 2023.

使用和数据的及时删除等，旨在迅速弥补人工智能技术对公民权利的不良影响，降低其危害程度。这体现了对公民权利的尊重和保护，也有助于增强公众对人工智能技术应用的信任。二是补偿性措施，如坚持“谁侵权谁负责”的原则，明确赔偿义务机关的责任，确保赔偿义务机关与被追偿人员在组织管理上的一致性，有助于提高城市规划的公信力和权威性。

4.2 规划者与人工智能

4.2.1 作为人工智能工具开发者

规划者需要明确界定城市规划领域待解决的问题和实际挑战，这对于那些从事非规划领域的人工智能开发人员极为重要。规划者需要利用其在社会、空间和城市规划等领域的深厚专业知识，提供具体的应用场景和需求，帮助人工智能开发人员更好地理解城市规划的复杂性，确保人工智能系统的开发更加契合实际需求，以提高其在城市规划决策中的实用性和有效性。规划者作为数据推动者，需要充分发挥跨机构、跨部门、跨领域共享数据的潜在价值，倡导提高数据质量和适用性，并且使用定性方法弥补定量数据存在的分析缺陷。为有效应对人工智能在城市规划中可能引发的非预期结果，规划者需采取前瞻性策略，识别预测边缘化群体的脆弱性以及潜在的负面影响，并制定相应的预防措施。尤其是建立一套监测和评估机制，实时监测评估人工智能、数据和算法偏见所产生的意外影响，以便进行及时的调整和优化。

此外，规划者应积极创新人工智能应用领域和场景，借助人工智能进行长期预测和决策支持，利用城市规划知识训练人工智能相关的数据处理能力，并促进提升人工智能开发人员分析解决城市规划问题的创造力，推动开发出更先进、更具适应性的人工智能系统。

4.2.2 作为知情消费者的规划者

规划者作为人工智能技术的消费者，既是工具的使用者，也是价值和效用的评估者与推动者。这一角色要求规划者在专业发展中不断学习并适应新兴技术，以确保人工智能工具在城市规划中的有效应用。首先，规划者需深度理解使用人工智能工具时所面临的基本问题，包括其功能、性能以及与城市规划需求的契合度等问题，由此，规划者能更精准地识别和选择适合特定规划场景的人工智能工具。

其次，规划者需认识到数据的局限性，数据作为人工智能工具的基础，其质量和适用性直接影响分析的结果和可靠性。为此，规划者需要明晰人工智能工具的底层逻辑和输入需求，并通过批判性分析，评估数据与模型是否符合城市规划的特定需求。这不仅要求规划者具备数据科学的基本素养，还要能洞察数据的内在含义、目标以及在城市规划中的实际应用限制。此外，规划者还需认识到人工智能模型的局限性，部分模型可能不适用于某些数据。规划者需要将数据和模型与适当的决策尺度相匹配，确保人工智能的应用能够适应长期、中期、短期以及局部、区域等不同的规划需求。

最后，规划者承担着突破固有观念的重要职责，以适应人工智能对传统规划假设所带来的变革。随着人工智能技术的发展，规划者必须对现有的预测工具进行调整和优化，以确保它们能够准确反映动态变化的规划需求。规划者可以借鉴医疗、土木工程、景观建筑等领域在人工智能应用方面的经验与教训，深入解析这些领域中人工智能的应用范围及其影响，更全面地评估人工智能技术在城市规划中的潜力与挑战，并据此制定更为科学、合理的规划策略。规划者还应积极参与市场机制的构建，通过政策引导、资金支持等手段，为人工智能工具的研发和应用创造一个更加有利的市场环境。这种市场导向的反馈机制有助于推动人工智能工具的创新和优化，使其更好地服务于城市规划需求。

4.3　实现规划的自动化

实现规划自动化是人工智能赋能城市规划的一个关键步骤，它涉及将复杂的城市规划工作流程转化为可由人工智能系统执行的自动化任务。分解城市规划工作流程是实现自动化的前提，城市规划者需要对城市规划的每个环节进行详尽的分析，识别出关键的任务和决策点，并将这些任务和决策点分解为一系列逻辑清晰、易于管理的模块。这一过程需要城市规划者与人工智能专家紧密合作，充分掌握人工智能技术的优势和局限，才能确保所开发的流程既符合城市规划的实际需求，又能够充分利用人工智能技术的能力。此外，创建一个既精确又可区分的城市规划过程，使其能够被自动化系统所执行，这意味着所开发的流程必须具备高度的一致性和可重复性，以便自动化系统能够准确无误地执行每个步骤。同时，流程的可区分性也意味着每个模块都能够独立于其他模块运行，从而为自动化系统的灵活性和可扩展性提供了可能。

规划流程自动化是实现规划自动化的核心。在这一阶段，人工智能被用来将城市规划的工作流程和决策逻辑转换为自动化流程。每个模块都需要使用合适的模型和工具单独建模，以确保模块之间的集成性和整体流程的连贯性。规划自动化并不意味着完全取代规划者的角色，而是通过部分自动化来增强规划者的工作，提高效率和精确度。自动化流程旨在辅助规划者，而非取代，通过减少重复性工作和提供更加精确的决策支持，使规划者能够更专注于创造性和战略性的任务①。

最后，反馈机制和绩效评估也是确保城市规划实现闭环决策自动化的重要环节。规划者负有监控自动化模型性能及其结果的责任，这不仅涉及对规划目标、评估标准和绩效等方面的监测，也包括对可能出现的道德和公平问题的处理。通过这种持续的评估和反馈循环，规划者能够确保自动化流程与城市规划的实际需求、不断变化的环境和挑战相适应。此外，规划者还应当考虑将公众参与和利益相关者的反馈纳入到自动化流程中，为民意诉求表达和社会合作参与提供平台②。

5 结论与启示

在城市治理领域，人工智能的真正影响力并非源自技术本身，而是其在城市规划与设计实践中的有效应用。目前，城市规划中的人工智能应用仍处于起步阶段，规划者和研究者在引导其发展并解决新兴问题方面扮演着不可或缺的角色。规划者有责任深入理解并积极参与到人工智能等前沿技术的发展中，不仅涉及技术层面的掌握，也包括对人工智能在提升城市安全性、宜居性和可持续性方面的潜力的探索。同时，规划者需要认识到人工智能技术的局限性，积极寻找解决道德、包容性、信任和公平性等风险和挑战等问题的策略。随着人工智能在城市规划中的应用不断深化，规划者的工作重心应从传统的规划处理和计划制订，转向更加注重解决城市问题和进行城市研究。

---

① Peng Z.，Lu K.，Liu Y.，et al. The Pathway of Urban Planning AI：From Planning Support to Plan－Making［J］. Journal of Planning Education and Research，2023.

② Nikitas A.，Michalakopoulou K.，Njoya E.，et al. Artificial intelligence，transport and the smart city：Definitions and dimensions of a new mobility era［J］. Sustainability，2020，2（7）：2789.

这种转变意味着将规划处理和计划制订的任务交由人工智能执行，而规划者则专注于更具战略性和创新性的任务。

展望未来，城市规划者需要深究如何最大化发挥人工智能的优势，同时规避其潜在风险和陷阱，如何构建有效的教育和培训体系，以培养具备人工智能应用能力的下一代城市规划者和研究人员。城市规划学科需要不断在教育和实践层面进行创新，加快培养应用技术型、复合型人才，确保未来的规划者不仅能够理解人工智能技术的复杂性，而且能够在城市规划实践中有效地应用，为新质生产力的发展奠定人才基础。

公众参与嵌入智慧城市治理：文献综述与启示[①]

宋炎

摘要：智慧城市作为一种新型城市治理模式，旨在利用信息技术和互联网技术，提升城市的公共服务、资源利用效率和居民生活品质。智慧城市的发展引起了公众对城市治理模式的关注和参与。公众参与作为民主政治的核心理念之一，在智慧城市建设中发挥着重要的作用，可以增加政府与市民之间的互动与沟通，提高治理效能，促进城市的可持续发展。然而，在智慧城市治理中，公众参与也面临着一系列的风险和挑战。本综述通过对相关文献的梳理，系统总结了智慧城市治理中公众参与的进路和优化策略，从而进一步探讨各种参与机制的优势和不足，为智慧城市治理提供更具体的指导和建议。

关键词：智慧城市；公众参与；治理效能

1 引言

智慧城市是在信息技术运用下应运而生的新一代城市形态。在过去的十余年中，世界各国都在城市运行、服务和治理中大力推动信息技术的广泛运用，并涌现出许多类型各异的创新模式。这些智慧城市建设的实践做法力图为广大公众提供更快捷的服务，提高居民们的生活幸福感和城市认同感，得到了许多公众的欢迎。与此同时，智慧城市的快速发展也对城市治理提出了新的要求，公众参与其中作为一种重要的治理方式备受关注。

---

① 作者简介：宋炎，上海师范大学行政管理专业本科生，研究方向：基层治理、行为公共管理。

首先，智慧城市治理产生的背景是信息技术的迅猛发展和城市化进程的加速。随着信息技术的广泛应用，城市获得了大量的数据和信息，这些数据和信息可以更好地理解和管理城市的运行。智慧城市治理将信息技术与城市治理相结合，通过数字化、智能化手段提供公共服务，实现城市的高效运转和可持续发展。其次，智慧城市治理中公众参与的现状是多样化的。公众参与在智慧城市治理中可以表现为市民参与决策、监督政府行为、提供反馈和建议等形式。然而，智慧城市治理中公众参与仍然面临一些挑战。学界对智慧城市治理中公众参与的研究也日益增多，并呈现出以下几个主要的研究方向：第一，关注如何建立多元化的公众参与机制。在智慧城市治理中，建立多种形式的参与机制可以满足不同层次和领域的公众需求。通过设立市民议事会、社区咨询委员会等机构，可以让市民更直接地参与决策和监督，提高公众参与的广度和深度。第二，提高公众参与的透明度和可及性。政府应当及时公布信息，解释决策过程，使公众能够了解决策的背后逻辑和影响。第三，加强公众参与的教育和培训。公众对于新技术和创新模式的了解程度存在差异，需要通过教育和培训来提高公众的科学素养和技术认知能力，以便更好地参与决策过程。第四，促进公众参与的协商。在智慧城市治理中，政府应当与公众进行有效的协商，广泛听取不同利益相关者的声音，使各方能够就决策方案进行深入交流和合作，在决策过程中形成共识，提高决策的合法性和公正性。

综上所述，智慧城市治理中公众参与的研究是一项复杂而重要的课题。通过对现有研究的综述，可以看到学界已经开始关注公众参与的关键问题，并提出了一些解决方案。然而，目前仍然需要进一步的研究来探索公众参与机制的优势和不足，推动智慧城市治理中的公众参与向更加有效和可持续的方向发展。本文旨在对智慧城市治理中公众参与的研究进行综述，以系统地总结现有的研究成果并指出未来的研究方向。

2　公众参与嵌入智慧城市治理的价值

智慧城市治理中的公众参与是指将市民纳入城市治理决策过程中，使市民能够参与并影响城市发展和政策制定的一种方式，在智慧城市治理中具有重要的意义和价值。

第一，公众参与能够提高智慧城市治理的民主性和透明度。智慧城市的发展需要广泛的参与和合作，而公众参与可以增加市民对政府决策的信任，减少信息不对称，增强政府与市民之间的沟通与互动。公众参与对提升智慧城市基本公共服务供给具有积极作用，能够促进政府与市民之间的合作，形成共治机制，共同推动城市的发展。① 第二，公众参与能够提高智慧城市治理的效能和质量。智慧城市的治理需要多方参与，而市民是城市发展的主体和受益者。公众参与可以增加社会各方的反馈和建议，使决策更贴近实际需求。② 公众参与对于政策的制定和实施起到了重要作用。③ 公众参与能够引入多元化的声音和观点，提高决策的多样性和灵活性，从而提高治理效果。第三，公众参与能够促进智慧城市的可持续发展。智慧城市的可持续发展需要市民的支持和参与，而公众参与可以增强市民对城市发展的认同感和责任感。公众参与能够激发市民的创新潜能，鼓励市民参与城市建设与保护，推动城市向可持续发展的方向迈进。④ 第四，公众参与能够增强市民参与感和满意度。智慧城市的发展离不开市民的积极参与和支持，而公众参与可以增强市民对城市治理的参与感和归属感。智慧城市建设可以提升城市公共服务水平，而公众参与是实现这一目标的重要手段之一。⑤ 公众参与能够让市民直接参与决策和改进过程，使市民的声音得到充分尊重和重视，从而提高市民的满意度和幸福感。

总而言之，现有研究在公众参与对促进智慧城市治理方面形成了一定的共识。因此，在智慧城市治理中应该积极推动公众参与，建立多元化、开放性的参与机制，为市民提供更好的参与和合作平台，实现城市发展的共赢和可持续。

---

① 徐晓林，王妃萍，毛子骏，邹啟．智慧城市建设能否提升基本公共服务供给？——基于双重差分法的实证分析［J］．社会政策研究，2022（03）：79－93．

② 关爽．智慧城市主义的理论反思、转型路径与实践价值［J］．电子政务，2022（08）：114－124．

③ 黄和平，谢云飞，黎宁．智慧城市建设是否促进了低碳发展？——基于国家智慧城市试点的“准自然实验”［J］．城市发展研究，2022（05）：105－112．

④ 刘成杰，胡钰苓，李虹桥，张娜．中国智慧城市试点政策对城市发展质量的影响——基于韧性发展的视角［J］．城市问题，2021（11）：79－89．

⑤ 董宴廷，王洛忠．智慧城市建设与城市公共服务水平——基于智慧城市试点的准自然试验［J］．城市问题，2021（10）：56－64．

3 公众参与嵌入智慧城市治理的挑战

智慧城市的发展引起了公众对城市治理模式的关注和参与。公众参与被视为一种推动智慧城市治理的重要机制，可以增加政府与居民之间的互动、提升公众对城市决策的接受度，从而实现治理的民主化和透明化。但是，在智慧城市治理中，公众参与也面临着一系列的风险和挑战。

首先，智慧城市的技术特性带来了隐私和数据泄露的风险。智慧城市利用大数据、物联网等技术手段收集和处理海量数据，以提供更好的公共服务。然而，这也意味着公众个人信息的收集和使用，可能会带来数据泄露、滥用等风险。例如，智慧城市中的感知设备可能会收集到个人的行为轨迹、消费习惯等敏感信息，如果这些数据未经妥善保护，可能会被滥用或泄露，侵害公众的隐私权。此外，智慧城市系统的运行也面临着黑客攻击、数据篡改等威胁，一旦发生安全漏洞，可能对公众造成严重的损失。

其次，智慧城市治理中公众参与的有效性和代表性是一个挑战。尽管智慧城市的发展为公众参与提供了更多的机会，但公众参与的效果仍存在争议。一方面，由于智慧城市的技术性和专业性要求，公众很难充分理解和参与决策过程，导致公众的参与变得形式化和被动化。另一方面，在公众参与过程中，存在着信息不对称、意见不平衡等问题，使得少数利益群体的声音占据主导地位，公众的意见无法得到有效反映。因此，智慧城市治理中如何确保公众参与的有效性和代表性，仍然是一个亟待解决的问题。

再次，智慧城市治理中存在着数字鸿沟的风险。智慧城市建设需要高度发达的信息和通信技术支持，尤其是在互联网接入和智能设备普及程度不均的地区，数字鸿沟将成为公众参与的一大障碍。在数字鸿沟的背景下，部分公众无法充分利用智慧城市提供的便利服务，无法有效参与城市治理。这种数字鸿沟可能导致社会不平等加剧，进一步造成社会排斥和节点化，甚至引发社会矛盾和冲突。

最后，智慧城市治理中的权力集中也是一个风险。智慧城市系统通常由政府或相关企业运营和管理，这可能导致权力过于集中，公众的参与被边缘化。例如，在智慧城市系统中，政府或企业可以通过大数据分析和算法管理城市资源，而公众的意见和需求可能被忽视。这种权力集中可能带来的问题包括决策的不透明、权益的不平衡和社会的不稳定。

4 公众参与嵌入智慧城市治理的优化路径

由此可见，在智慧城市治理中防范与化解公众参与的风险与挑战也同样重要，不仅需要从制度层面进行规范和引导，尤其是严格保护数据隐私，与此同时还要培养市民的数字治理意识，提升参与城市治理的能力。

首先，建立多元化的公众参与机制。智慧城市建设应当充分发挥市民的积极性，包括通过建立市民议事会、社区咨询委员会等机构，以及利用互联网平台、社交媒体等技术手段，为市民提供参与决策的渠道和平台。此外，智慧城市的建设还涉及其他利益相关方，例如企业和社会组织等，政府应鼓励并支持这些多元主体的参与，使更多不同层面的声音能够被充分听取和考虑。①

其次，提高公众参与的透明度和可及性。在智慧城市治理中，公众参与的透明度和可及性是关键因素。政府应当及时向公众公布信息，提供相关数据和决策过程的解释，使公众能够了解决策的背后逻辑和影响，从而更好地参与其中。除此之外，政府还应该积极主动地收集公众的意见和建议，并及时进行反馈，增加公众对整个决策过程的信任度，从而改善公众参与的效果。②

再次，加强公众参与的教育和培训。智慧城市建设涉及复杂的技术和专业知识，对于公众来说可能存在一定的信息不对称和理解困难。③ 公众对于新技术和创新模式的了解程度也存在一定差异。因此，政府应当加强对公众的教育和培训，提升公众的科技素养和参与意识。例如，可以开展智慧城市建设的知识普及活动、培训课程等，帮助公众了解智慧城市的概念、原理和技术，使公众能够更好地参与到决策和管理中来。

最后，健全公民数据隐私的保护机制。在数字时代，敏捷治理的思维方

① Sancino, A. , Hudson, L. Leadership in, of, and for smart cities – case studies from Europe, America, and Australia [J]. Public Management Review, 2020 (5): 701 – 725.

② Meijer, A. , Bolivar, M. P. R. Governing the smart city: a review of the literature on smart urban governance [J]. International Review of Administrative Sciences, 2016 (2): 392 – 408.

③ Johnson, P. A. , Robinson, P. J. , Philpot, S. Type, tweet, tap, and pass: How smart city technology is creating a transactional citizen [J]. Government Information Quarterly, 2020 (1) .

式和方法论深度嵌入在城市治理逻辑中，推动着智慧城市治理的发展。[①] 但是，智慧城市建设涉及大量的数据收集和共享，其中包括海量的个人隐私信息，关系到人民群众的安全感和切身利益。为了保护公众的隐私权益，政府应当加强对数据的管理和保护，建立有关隐私保护的法律和制度框架，明确数据使用的范围和目的，并采取措施来保护数据的安全性。[②]

5 公众参与嵌入智慧城市治理的启示

在建设人民城市的背景之下，现有实践与研究为公众参与嵌入智慧城市治理提供了诸多有益的启示，其中，如何协调公民参与的民主性和数字技术的理性之间的关系是值得在未来的研究与实践中继续思考和深化运用的方向之一。

智慧城市为公共服务流程再造提供了新的契机。智慧城市的建设强调政务服务的过程性整合，[③] 公众参与在这一过程中被看作是挑战政府中心主义治理逻辑的重要力量，为治理体系的转变提供了动力。[④] 因此，在智慧城市治理中的公众参与不仅仅是信息的传递，更是对政务服务的整体性参与。一方面，公众参与被视为数字化转型的重要组成部分。随着数字技术的应用场景日益拓宽，公众可以通过数字界面更直观地参与城市治理，促进城市治理的智能化和高效化，从而提高治理效能。[⑤] 另一方面，公众参与被视为城市创新的重要推动力。智慧城市建设既涉及技术理性，也涉及政治理性。在这一背景下，公众参与不仅仅是技术实践，更是政治决策的参与者，[⑥] 因此，公众参与智慧

---

① 谢小芹，任世辉．数字经济时代敏捷治理驱动的超大城市治理——来自成都市智慧城市建设的经验证据［J］．城市问题，2022（02）：86－95.

② Vogl，T. M.，Seidelin，C.，Ganesh，B.，Bright，J. Smart Technology and the Emergence of Algorithmic Bureaucracy：Artificial Intelligence in UK Local Authorities［J］. Public administration review，2020（6）.

③ 卢珂，梁照鸿．智慧政务服务的过程性整合分析［J］．中国行政管理，2022（03）：58－64.

④ 郁建兴，黄飚．超越政府中心主义治理逻辑如何可能——基于“最多跑一次”改革的经验［J］．政治学研究，2019（02），49－60＋126－127.

⑤ 李文钊．数字界面视角下超大城市治理数字化转型原理——以城市大脑为例［J］．电子政务，2021（03）：2－16.

⑥ 于文轩，许成委．中国智慧城市建设的技术理性与政治理性——基于147个城市的实证分析［J］．公共管理学报，2016（04）：127－138＋159－160.

城市治理不能简单地视为对技术的遵从和适应，更是为了维护治理的民主性，[①] 为城市治理提供了更多元、更广泛的视角，给治理提供了更广泛的创新资源。[②]

可见，智慧城市的建设不仅仅是技术的创新，更是治理模式的变革，而公众参与在智慧城市治理中扮演着重要的角色。公众参与不再是被动的信息接收者，而是积极参与决策、共建城市的主体。从治理过程来看，公众参与嵌入智慧城市治理除了进行数据交换之外，更是公民与城市治理之间交互的过程。[③] 因此，构建有效的治理网络是促进公众参与的一项关键策略，[④] 这将推动智慧城市治理向更为开放、民主、智能的方向发展。

6 结论与反思

智慧城市治理中的公众参与一直被认为是推动可持续发展和提高城市治理效能的重要因素之一。本文对智慧城市治理中公众参与的相关研究进行了综述，总结了当前研究的主要发现和存在的挑战，并就未来的研究方向和实践提出了建议。

通过对文献的综述发现，智慧城市治理中公众参与的范围涵盖了多个层面，包括公民参与、社区参与和利益相关者参与。公众参与可以通过多种方式实施，如电子政务平台、社交媒体和市民调查等。这些参与方式为公众提供了更多参与城市决策和问题解决的机会，强调了公众在治理过程中的主体地位。

然而，尽管公众参与在智慧城市治理中具有重要意义，但目前仍存在一些挑战。例如，隐私和数据安全的威胁、有效性和代表性的问题、数字鸿沟的风险、权力集中的困境。针对这些挑战，未来的研究可以在以下几个方面展开。首先，需要进一步研究智慧城市治理中的公众参与模式和机制，因地

---

① Drapalova, E., Wegrich, K. Who governs 4.0? Varieties of smart cities [J]. Public Management Review, 2020 (5): 668-686.

② 袁航，朱承亮．智慧城市是否加速了城市创新？[J]．中国软科学，2020（12），75-83.

③ Johnson, P. A., Robinson, P. J., Philpot, S. Type, tweet, tap, and pass: How smart city technology is creating a transactional citizen [J]. Government Information Quarterly, 2020 (1).

④ Nesti, G., Graziano, P. R. The democratic anchorage of governance networks in smart cities: an empirical assessment [J]. Public Management Review, 2020 (5), 648-667.

制宜地制定适应不同数字应用情境和场域的公众参与策略。其次，应该加强公众参与的信息传播和教育。通过提供公众参与的培训和教育，提高公众的数字能力和参与意愿，减少数字鸿沟的存在。此外，还应加强对公众参与效果评估的研究，以便更好地了解公众参与活动的效果和影响，并加以改进。

在实践层面，政府和城市管理者可以采取一些措施来促进公众参与。首先，要建立开放透明的决策机制，确保公众在决策过程中的发言权。其次，要积极运用信息技术工具，提供便捷的公众参与平台，并确保使用的便捷性。与此同时，也要注重对个人信息的保护。此外，在对公众参与进行培训和教育的基础上，还可以组织多种形式的公众参与活动，以吸引更多公众参与城市治理。

总之，随着智慧城市的深入建设，智慧城市治理中的公众参与是一个具有潜力的领域，可以促进城市治理的创新和发展。虽然公众参与仍面临一些挑战，需要进一步的研究和实践去解决，但通过加强公众参与的研究和实践，可以更好地发挥公众的智慧和力量，为可持续的智慧城市发展做出积极贡献。

智慧社区建设赋能社区自组织提升社区韧性的研究

——以J市L社区为例

杜安民

摘要：自党的二十大提出打造宜居、韧性、智慧城市以来，学界针对提高城市韧性的问题进行了广泛的研究，就目前而言，社区韧性提升的关键在于，基层治理面临的问题日趋复杂，牵扯的利益相关群体众多，而伴随着公民意识的逐渐觉醒和信息技术的快速发展，一方面，居民主体需要更多地参与到社区治理中来，以提高居民对社区管理者的信任程度和对社区的归属感；另一方面，需要更新社区治理的基本硬件设施，以提高基层治理效能和社区韧性。因此本文通过梳理社区韧性建设中面临的困境，结合L社区数字化赋能韧性提升的案例，对这一问题进行了阐释和论述。

关键词：社区自组织；智慧社区；社区韧性

1 引言

城市突发公共事件的防治是城市现代化治理的重要工作之一[①]，在公共问题日趋复杂的当下，过去几年新冠疫情，郑州特大暴雨灾害等公共危机事件，暴露出一些地方政府主导的刚性治理在应对突发公共事件的不足[②]。不同韧性水平的城市在应对不确定风险时展现出了截然不同的应变能力。社区作为城

① 温锋华，沈体雁，邢江波，等．城市突发公共卫生事件的循证治理机制研究［J］．中国管理科学，2023，31（01）：206－215.

② 王磊，王青芸．韧性治理：后疫情时代重大公共卫生事件的常态化治理路径［J］．河海大学学报（哲学社会科学版），2020，22（06）：75－82＋111－112.

市系统的基础单元，承担着应对并抵御灾害、风险和危机的第一责任①。因此，提高社区自发抗灾防灾的能力，建设韧性社区成为韧性城市建设的关键任务②。建设“韧性社区”逐渐成为社会各界的热点话题③。

社区韧性是城市韧性的理念、技术和内涵在更精确空间尺度上的演绎④。这一能力的构建不仅需要完备的基础设施和相关制度，更需要社区居民的主动参与。2021 年中共中央、国务院发布的《关于加强基层治理体系和治理能力现代化建设的意见》强调，要建设人人有责、人人尽责、人人享有的基层治理共同体。推动社会治理和服务重心向基层下移，但在应对突发公共事件的过程中，居民个体存在参与意愿不足、处置能力较弱和专业培训缺失等问题⑤。社区自发形成的自组织系统可以有效强化居民参与意愿、整合居民资源、提升居民行动能力，在社区韧性建设中发挥了重要的作用⑥。自组织是一群人基于关系、信任与自愿原则主动地结合在一起，为了管理集体行动而自定规则、自我治理⑦。社区自组织广泛存在于各个社区中，但参与主体单一，成员之间联系较为松散，信息传递存在障碍，因此在应对社区风险危机时表现出能力不足、反应缓慢等问题。需要引入新的技术和机制来提升社区自组织应对风险的能力，进而提升社区韧性。

2 文献综述

进入 21 世纪以来，面对日趋复杂的社会问题，现代风险社会的易变性、不确定性、复杂性与模糊性特征日益凸显，“韧性”（resilience）理念开始被

① 代鑫，黄弘，于富才，等. 暴雨内涝灾害下社区韧性压力测试方法研究［J/OL］. 清华大学学报（自然科学版）：1－10［2024－05－30］.

② 张小明，张欣. 面向自然灾害的韧性社区及其构建路径：基于系统—能力的分析框架［J］. 中国应急管理科学，2022（09）：71－82.

③ 吴晓林. 城市社区如何变得更有韧性［J］. 人民论坛，2020（29）：19－21.

④ 崔鹏，李德智，陈红霞，等. 社区韧性研究述评与展望：概念、维度和评价［J］. 现代城市研究，2018，（11）：119－125.

⑤ 崔凯凯，刘德林. 城市社区应急协同治理优化路径——基于 SWOT 模型分析［J］. 华北地震科学，2021，39（04）：28－34.

⑥ 尹栾玉，苏博文. 公共性营造与抗逆力赋能：社区自组织提升社区韧性的路径研究——基于 B 市 H 社区的案例［J］. 江淮论坛，2023（06）：61－68.

⑦ 卢文正，仇保兴，吴宇哲. 主体结构对社区复杂系统自组织治理的影响：多元化和单一化的比较［J］. 城市发展研究，2024，31（03）：118－124.

引入以防灾为代表的城市规划与管理领域①，“韧性”是指物体在受到外力作用后能够恢复到原来的状态的性质②。在关于社区韧性的研究中，学者将社区韧性界定为一系列能力合集、社区的一种发展过程和社区的发展目标③。从能力的角度来看，主要包括：（1）社区面对灾害时吸收灾害维持自身结构的能力；（2）社区系统功能紊乱后快速恢复运行的能力；（3）适应新环境并增强未来应对的能力④⑤⑥。从目标和过程角度来看，社区韧性建设的目标在于构建以社区共同行动为基础，链接内外资源、有效抵御灾害与风险，并从有害影响中恢复，保持可持续发展的能动社区，指向这些目标的建设即是社区韧性这一特性的构建过程⑦。

在社区韧性的建设方面，目前学者主要从社区安全、社区恢复力、社区文化等方面对社区韧性进行研究，强调在推进物质基础设施建设的同时，更加注重社区成员的互动和成员主体能动性的发挥，通过社区集体行动链接各种资源，提升社区韧性⑧⑨。并将社区韧性总结为结构韧性、文化韧性、过程韧性、能力韧性四个维度⑩。

---

① 彭翀，郭祖源，彭仲仁．国外社区韧性的理论与实践进展［J］．国际城市规划，2017，32（04）：60－66.

② Holling C. Resilience and stability of ecological systems［J］. Annual review of ecology and systematics，1973（4）：1－23.

③ 彭翀，郭祖源，彭仲仁．国外社区韧性的理论与实践进展［J］．国际城市规划，2017，32（04）：60－66.

④ Norris F H，Stevens S P，Pfefferbaum B，et al. Community Resilience as a Metaphor，Theory，Set of Capacities，and Strategy for Disaster Readiness［J］. American Journal of Community Psychology，2008，41（1－2）：127－150.

⑤ Masten A S，Best K M，Garmezy N. Resilience and Development：Contributions from the Study of Children Who Overcome Adversity［J］. Development and Psychopathology，1990，2（4）：425－444.

⑥ Bruneau M，Chang S E，Eguchi R T，et al. A Framework to Quantitatively Assess and Enhance the Seismic Resilience of Communities［J］. Earthquake Spectra，2003，19（4）：733－752.

⑦ 尹栾玉，苏博文．公共性营造与抗逆力赋能：社区自组织提升社区韧性的路径研究——基于B市H社区的案例［J］．江淮论坛，2023（06）：61－68.

⑧ 刘佳燕，沈毓颖．面向风险治理的社区韧性研究［J］．城市发展研究，2017，24（12）：83－91.

⑨ 李雪伟，王瑛．社会资本视角下的社区韧性研究：回顾与展望［J］．城市问题，2021（07）：73－82.

⑩ 蓝煜昕，张雪．社区韧性及其实现路径：基于治理体系现代化的视角［J］．行政管理改革，2020（07）：73－82.

表1 韧性的维度

维度	释意
结构韧性	社区治理各主体之间达成良好的协同互补关系
过程韧性	社区治理体系存在一套应对风险和危机的程序或制度，并在流程或程序上存在灵活空间
能力韧性	日常治理情境下，社区治理体系具有领导力、资源整合能力、应急预案能力、社区凝聚力等。非常态治理情境下，具有稳定能力、恢复能力、适应能力、敏捷的反应力以及资源调动能力等
文化韧性	社区居民具备认同感，为社区治理提高自身的公共参与意识与能力，为社区发展的共同愿景而付诸努力

（来源：蓝煜昕，张雪．社区韧性及其实现路径：基于治理体系现代化的视角［J］．行政管理改革，2020（07）：73－82）

由此看出，社区韧性的建设与社区内自发性网络的建设息息相关，社区自组织是当前广泛应用于社会科学领域的重要概念，它是一种为促进共同利益而采取集体行动的规范和网络，这种网络主要表现为社区居民自发组成的民间组织，包括居民小社团和社区协助性质的组织，以及用于协调重大问题决策的民主协商机制①。对个人、组织间的生产与合作具有积极意义，同时还能促进社区资源的有效利用和应急效率的提升②。

根据罗家德等人（2012）的观点，社区自组织是一群人在产生集体行动的需求下，自主制定规则、进行自我治理，并基于关系和信任自愿结合形成的群体③。社区自组织可以通过自身实现自我管理、自我教育、自我服务和自我约束，无须外部强制干预，进而实现社区公共生活的有序化④。

---

① 李霞，陈伟东．社区自组织与社区治理成本——以院落自治和门栋管理为个案［J］．理论与改革，2006（06）：88－90.

② 李东泉．社会资本影响社区社会组织成长绩效的研究——以成都市肖家河街道为例［J］．上海城市规划，2017（02）：17－22.

③ 罗家德，李智超．乡村社区自组织治理的信任机制初探——以一个村民经济合作组织为例［J］．管理世界，2012（10）：83－93＋106.

④ 杨贵华．自组织与社区共同体的自组织机制［J］．东南学术，2007（05）：117－122.

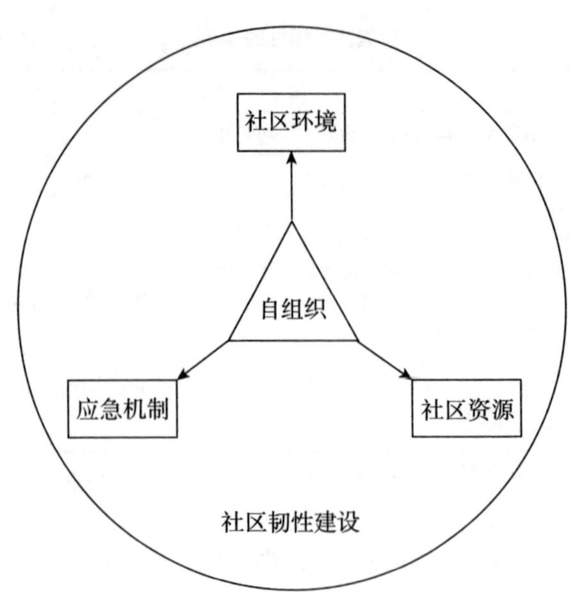

图 1　社区韧性建设路径

（来源：作者自绘）

社区自组织在推动社区韧性建设方面，目前研究主要集中于营造社区公共性、完善应急机制、整合社区资源三方面①②，为社区提供了一个更为稳固和可持续的发展基础。

社区自组织通过整合社区资源，加强社区居民的教育和培训；通过定期组织各种教育活动，如健康讲座、安全培训、环保知识普及等，提高居民的综合素质和应对风险的能力；通过与其他社区、政府、企业等建立合作关系，共享资源、互通有无，为社区的发展提供更多的支持和帮助。这种外部资源的支持不仅可以增强社区的应对能力和居民的个人韧性，还能促进社区整体韧性的提升。社区自组织通过改善社区环境，培育社区公共性，推动社区文化的建设和发展，增强居民的凝聚力和归属感，提升社区的凝聚力和向心力。社区自组织还可以推动居民积极参与社区规划和决策过程，确保社区的发展方向和居民的需求一致。进而完善社区的应急机制，提升社区韧性。

① 杨贵华．社区共同体的资源整合及其能力建设——社区自组织能力建设路径研究［J］．社会科学，2010（01）：78－84＋189．

② 尹栾玉，苏博文．公共性营造与抗逆力赋能：社区自组织提升社区韧性的路径研究——基于 B 市 H 社区的案例［J］．江淮论坛，2023（06）：61－68．

综上所述，社区自组织在推动社区韧性建设方面还有很大的发展空间。通过加强教育培训、推动文化建设、参与社区规划和决策以及加强外部合作等多方面的努力，可以进一步提升社区的韧性，为社区的可持续发展奠定坚实的基础。

但是单纯依靠创新治理模式对于激活社区自组织的活力作用有限，需要创新应用模式，弥补社区自组织在硬件方面的不足，提升社区自组织的智慧化、信息化水平。

智慧社区建设是指通过智能科技和信息化手段，以提升社区居民生活品质和管理效率为目标的社区发展模式。它利用各种智能技术，如物联网、大数据、人工智能等，将社区内的各种设备、设施和资源进行互联互通，实现信息的共享和智能化管理。伴随着科技水平的提升和信息化、数字化时代的到来，学界开始广泛地针对社区养老、社区医疗和社区公共服务提供等领域进行智慧社区建设的相关研究。

然而，过去针对智慧社区赋能社区韧性建设的研究主要聚焦于社区管理者的视角。廖茂林等学者（2018）认为：可以通过建设社区智慧云平台，实现数据采集、分析处理工作的有效性，并以定制管理风险模块的方式提升社区韧性。同时，借助云平台进行居民风险教育和各类灾害预防等方面的工作，以便在紧急情况下加快应急响应，实现社区管理的精细化①。梁珺濡等人（2021）提出智慧社区的建设可以通过完善信息传递渠道，加强各主体之间的互动提升社区韧性②。

总体来说，针对通过提升社区自组织硬件设施来助力社区韧性建设的相关研究较少，因此本文试图通过对社区韧性建设的路径和困境进行研究，分析得出制约社区韧性和自组织网络建设的关键所在，并结合L社区数字化赋能助力社区自组织建设进而提高社区韧性的案例，对智慧社区韧性的建设做进一步的探讨和研究。

---

① 廖茂林，苏杨，李菲菲．韧性系统框架下的城市社区建设［J］．中国行政管理，2018（04）：57－62.

② 梁珺濡，刘淑欣，张惠．从被动韧性到转型韧性：智慧社区的灾害韧性提升研究［J］．广州大学学报（社会科学版），2021，20（02）：47－54.

3 社区韧性建设的困境

根据前文的分析，社区韧性的建设，需要从营造社区环境，完善应急机制和整合社区资源三方面着手，提升社区内各主体，特别是居民主体的参与意愿。但是在实践中，社区自组织并没有发挥应有的作用，因此本文需要结合社区自组织特点，从这三条路径入手，分析现有路径下社区韧性建设存在的困境。

3.1 社区文化的缺失导致公共性的社区环境难以营造

社区文化对于社区韧性的形塑起着关键作用。它具备无形的凝聚力、感召力和行为影响力，是培养社区韧性的重要基础①。社区文化代表了社区居民共同的认同和价值观，是这些观念的表达和传承载体。通过塑造社区文化，可以有效促进居民的参与，建立良好的社区环境，并培养社区韧性的共识。社区文化本身就产生于居民之间的相互认同和归属感上，社区文化可以在简单的认可基础上进一步转换为一种人人遵循的价值观和行为规范，为居民参与社区韧性的建设赋予积极的意义，并作为构建良好的社区环境的纽带，促进邻里交往，催生社区联结，增进信任互助。但目前大多数社区都存在交流不足导致的文化缺失，现有的措施如情感治理、党建引领都属于通过某种措施人为地塑造一个社区的精神特质和价值体系，但仅凭单一主体的人为灌输和构建，群众无法从社区文化中找到共识，因而也就无法采取自发的行为活动，因此需要开辟新的方式推进居民共识的产生进而塑造社区文化。

3.2 居民主体的缺位导致应急机制难以完善

居民是社区治理的主体，在整个社区治理的过程中，社区主体在发挥着越来越重要的作用，社区韧性很大程度上体现在社区应对风险和灾害时的适应能力和反应速度，这需要构建较为完备的关系网络和快速应急机制。在社

---

① 蓝煜昕，张雪．社区韧性及其实现路径：基于治理体系现代化的视角［J］．行政管理改革，2020（07）：73－82.

区的日常管理中，需要建立一套完整的应急保障治理体系，涵盖从危机预警到决策、行动、恢复、总结和学习适应的各个环节。这个过程不是单一主体的责任，而是需要社区两委、物业、居民自组织等相关主体联合起来建立相应的制度和机制，包括应急预警、决策、领导、协调和控制等方面。需要以推动居民广泛参与为前提，建立公众能够普遍认可的公约和规范，但目前居民的参与感还是普遍不强。首先是由于住房商品化和城市化进程的加快，小区居民的结构日趋复杂，较大的居住差异削弱了居民之间的沟通交流，社区由“熟人社会”进入“陌生人社会”。其次是由于物业公司、居委会等社区管理组织日趋完善，人们更多地愿意与社区的管理者进行单向交流而非构建社区的互助网络。因此，需要采取新的机制，不只是搭建互助网络和平台，更多是要居民自发参与和认可社区自治和居民互助，使居民对待社区事务的态度从原本的“事不关己”转变为“事事关己”“人人有责”。

3.3 物质的缺乏导致社区能力韧性不足

由于社区自组织成员间关系较为松散，导致自组织的资源整合能力难以发挥，社区资源的缺乏主要表现在社区的能力韧性不足上。

首先，社区的应急设施具有足够的坚固性来应对突发事件并且具有快速复原的能力，包括完备的基础设施、合理的空间规划和可供实施的应急方案。当社区面临风险时，需要有足够的物质资源来抵抗风险和维持社区的正常运作。提高社区韧性需要从基础设施定期维护、物资定期检查、互联网技术等智慧社区设施应用等方面着手，这些都需要整个社区有稳定的人力、物力支持。但是在社区的实际建设中，大多数社区都存在资源不足、配置较慢的问题，传统的单一主体资源配置往往存在一定的时滞，因此需要开辟新的资源配置路径。

其次，资源不足还导致居民的能力缺失，由于居民是社区的主体，居民的韧性意识决定了社区的韧性意识，当社区发生重大突发事件时，需要居民具备一定的应急知识和能力，避免出现惊慌、不理智的行为。因此，社区需要定期进行社区居民韧性意识的培训，通过提高居民的防灾意识来提高社区整体韧性水平。但现实是，虽然政府主体和相关市场主体有意识地对社区居民采取相关意识的灌输和能力培训，但是居民参与程度往往不高，究其根本，是现有的上传下达式的信息发布模式较难对居民产生吸引力，而日常生活中居民作为政策的接受者，与社区管理者之间缺乏互动，对于相关韧性知识和信息的传递并不敏感。因此需要转变社区管理者作为单一信息发布者的传统信息传递网络，构建以社区居民为信息传播和交流主题的信息网络。

4 智慧赋能：社区韧性建设的理论框架和路径

由上文分析可得，目前社区韧性建设存在的主要问题在于居民主体参与程度的不足，而社区居民是作为独立个体存在的，一方面，需要培养居民对社区的归属感，将居民的私人利益和社区公共利益更多地结合，通过提高社区居民的参与度缓解社区的人力资源匮乏困境。另一方面，需要让居民之间自发形成一定的联结，通过居民自发形成的群体，如社区组织、居民议事会或志愿者团队等形式，促进居民间合作解决问题、共同管理资源，并在面临挑战时提供互助和支持。(图 2)

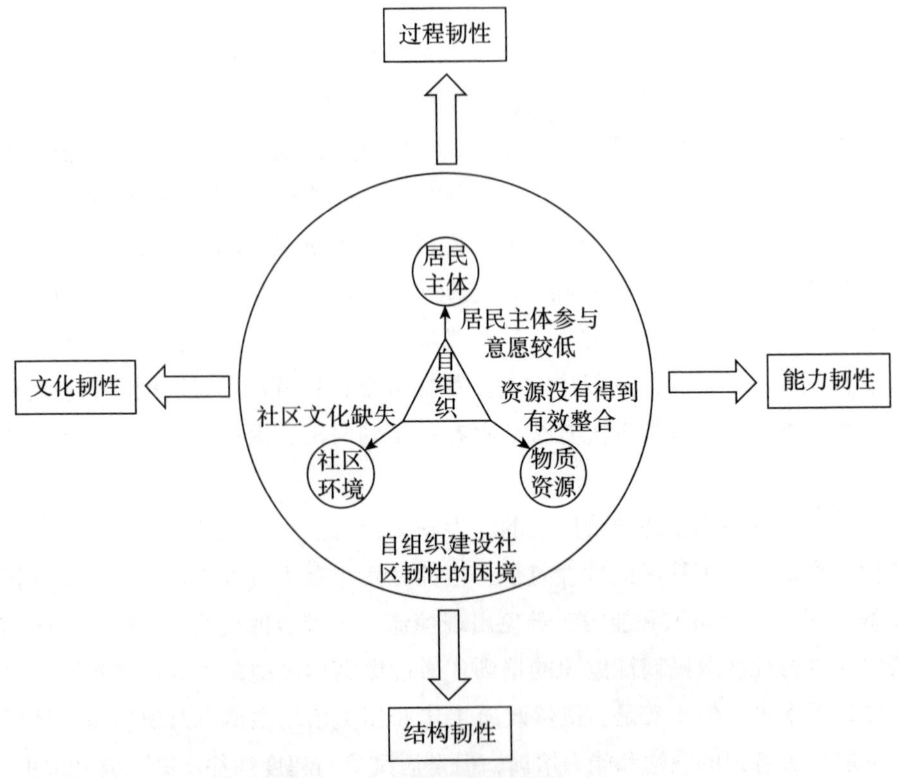

图 2　社区智慧化赋能的路径

社区韧性的建设需要基层治理各主体参与，而社区自组织的建设往往受制于信息交流渠道和各种基础设施的缺失，需要建立稳定快速的信息沟通渠道和平台，承担最基层的信息交流和资源共享，加强居民主体内部的联系。即通过社区建设的智慧化赋能社区自组织的建设，进而提升社区韧性。

4.1 社区智慧化建设通过拓宽沟通渠道助力社区自组织建设

社区智慧化建设提供了数字化和信息化的平台，促进社区内居民之间的信息交流和组织协调。通过智能手机应用、社交媒体、在线平台等工具，居民可以更便捷地沟通、协调和共享信息，促进社区自组织的形成和发展。智慧社区建设提供了共享经济和资源的机会。居民可以通过社区构建在线平台共享闲置资源和兴趣爱好，如共享汽车、共享办公空间等，促进社区内资源的优化利用和共同分享。这有助于加强社区居民之间的合作关系和资源整合，推动社区自组织的发展。

此外，社区智慧化建设为居民提供了更多参与社区事务的机会和途径。通过智能设备和应用程序，居民可以参与社区决策、提出问题、报告问题和反馈意见。这有助于提升居民的参与度和反馈能力，增强社区自组织的民主性和包容性。

4.2 智慧社区通过提升硬件设施助力社区自组织建设

社区自组织作为自发的团体，其治理能力受限的主要原因就是硬件设施不足，在很大程度上制约了居民主体参与社区自组织的兴趣，社区的智慧化建设通过对社区的精细化治理，可以有效地弥补由于硬件设施缺乏导致的社区自组织建设缺失的困境。

当社区自组织足够活跃时，居民主体会更倾向于以自组织的形式参与社区公共事务的治理和社区韧性的建设，进而缓解上述社区韧性建设面临的困境。

4.2.1 社区自组织通过直接提供人力物力资源提高社区韧性

在社区韧性的建设过程中，资源的稀缺性是制约因素之一。社区资源包括人力资源、物力资源、财力资源、文化资源和组织资源。目前的社区韧性建设中，居委会、物业公司等直接社区管理者所能提供的人力、物力资源有限，而社区自组织作为居民自发组成的社区民间组织，各成员间可以在互惠互利的基础上促进社区内不同成员的合作与协作，显著增强社区资源的高效使用①。

首先，社区自组织本身建立在人与人之间互信的基础上，涉及人与人之间的社交关系，并在这一基础上促进社区成员之间的互助和支持关系。社区自组织建设程度越完善，各成员间交流越密切，居民之间的关系越融洽，互助意愿也就越强烈，越有可能参与解决社区公共问题。当居民自主自发地参与社区互助工作后，相应地就会参与到如政府主体的合作生产等公共物品和服务的供给渠道中来，通过人力、物力、信息等资源的供给缓解单一主体供应社区服务造成的资源和能力不足。

其次，社区自组织通过优化人与人之间的社交关系，实现社区建设、社会组织培育和社会工作现代化体制的三社联动，以及政府、市场、公民三主体的有机合作，避免因某一主体工作能力不足导致的效率低下以及缺乏沟通造成的资源错位，可以显著地提高资源的使用效率和配置效率。

4.2.2　社区自组织通过凝聚共识促进社区文化的建设

社区文化是特定地域范围内的居民共同生活的集中反映；也是该地域范围内的公共精神、价值观念、行为规范及关系网络的具体表现。社区文化的产生，源自于公民在日常生活中产生对社区的归属感，并由此衍生出的居民共同认可的价值观和行为规范。在社区中，社区文化生成的阻力主要源于居民之间沟通的缺失，由于居住差异和通信技术的进步，以及物业公司等专业的服务型企业介入，居民更多倾向于和专门的社区服务人员进行单向的沟通反馈，导致居民间交流的缺失，特别是在一些年轻人较多和常住人口较少的社区，居民之间由于缺乏沟通导致归属感缺失和认同感不足，进而造成社区文化的缺失。

而社区自组织的构建可以有效缓解居民间交流不足的现象，社区自组织是居民间出于相同需求或兴趣爱好组建的，因此其成员可以通过相互交流推动社区文化建设，化解社区文化建设过程中集体行动的困境，推动社区文化的形成。社区文化建设是社区治理多方主体共同行动和合作的过程，包括社区环境、人文景观、基础设施等方面。社会自组织可以以建设社区交流平台

① 郭永锐，张捷，张玉玲．旅游目的地社区恢复力的影响因素及其作用机制［J］．地理研究，2018，37（01）：133－144.

开始，通过初步的交流增进居民的认同感，如通过组织开展线上业主大会、旧货市场、节日活动等方式，逐步强化居民间互信互助，推动居民横向交流平台的建立，进而促进社区居民共同价值观的形成，培养社区的文化认同和应对风险的凝聚力。

4.3 社区自组织通过建立社区信任机制构建互助合作网络

社区自组织是建立在居民之间共同利益、共同爱好和互信的基础上的，本质是需要通过基于社区成员互信构建的互助合作网络整合社会资源并提供相应的社会服务，因此互助网络和沟通平台的搭建尤为重要。在社区治理和应对风险的过程中，经常会出现社区中居民主体缺位的现象。这是由于在实际情境中，以政府为主的自上而下的治理模式导致政府决策和社区事务与居民实际脱离，居民无法了解自己在社区治理中应该做什么，可以做什么，只是机械地作为社区管理者所提供的政策和服务的接受者，会加深政府与居民的心理隔阂，弱化情感链接，导致社区治理各主体之间的合作网络难以构建。

社区自组织需要通过构建相关的网络连接机制才能最大化发挥其推动和促进作用，因此首先需要整合相关社区资源，根据社区资源的种类搭建相应的信息网络框架，通过引导和加强居民之间的信息交流和传递，让居民逐渐适应并融入社区互助互信的网络，并逐步建立起一个包含全部社区治理主体的网络。其次是通过网络的建设和信息发布，加强居民对于整个社区事务的了解和参与感，帮助居民通过网络直接反映相关诉求并得到反馈，逐渐取代过去某一部门单纯作为信息传递中介的职能，简化信息传递的流程和层级。最后是通过网络的构建将社区的公共利益与各主体的私人利益相互连接，构建基于利益的社区治理共同体，以利益为纽带激发各主体的参与意识和共治意识。

4.4 社区自组织辅助居民韧性意识的构建

社区中居民韧性意识薄弱主要包含两方面的原因，首先是居民对于原本社区管理者所构建的信息传递渠道认可程度不够，其次是居民在整个社区韧性的构建中缺乏参与感，因而难以理解韧性意识和能力的重要性。因此，居民韧性意识的提升并非仅仅依赖政府主体的引领和相关活动的组织。居民需要在自组织网络的基础上主动承担信息传递的角色，并从参与各项社区韧性建设活动中获得相关的知识和技能。因此社区居民韧性意识的培养很大程度上依赖于智慧社区的建设水平，社区自组织通过数字化的信息传播平台，可以更好地促进居民主体的广泛参与，传递第一手信息和提供相关应急服务，以缓解社区紧急风险带来的恐慌。

5 案例分析

5.1 案例背景：城市外围社区配套设施不足与便民服务的智慧化

L市J社区在建立之初，由于处于城市外围，常住居民较少，相关配套服务缺位，社区居委会和物业公司等社区管理主体较为弱势，居民日常的购物需求得不到满足。因此相应地，居民之间的沟通联络相对较强，居民之间存在一定的社区自组织基础，并通过组建各种非正式供货群的方式，在一定程度上缓解了消费便利度不足的问题。积极推动社区智慧化、信息化，电子售卖柜、快递柜等智慧化设施在社区内较早得到运用。一方面，社区居民对智慧社区的理念较为认可，对信息化数字化设备适应较快；另一方面，数字化在一定程度上弥补了配套服务的缺失，社区的自组织群体是建立在数字化平台上的，居民物业群等平台进行互动交流，形成社区内的各种基于兴趣爱好和利益的自组织群体，促进了社区内信息的传递和居民对社区事务的参与和反馈。

5.2 危机凸显和成效：疫情暴发下社区的快速适应和恢复

在新冠疫情期间，J社区基于社区服务智慧化基础上的自组织网络的建立，使信息传递速度较快，在一定程度上缓解了居民的恐慌。在疫情暴发时对各涉疫人员进行了及时的统计和通报，一方面，居民可以提早准备购入物资和药品；另一方面，社区内的自动售卖机可以提供物资，避免了居民的生活不便和财产损失。此外，由于各自组织成员之间形成了较为密切的情感纽带，在一定程度上促进了疫情时期邻里的守望相助，为疫情后期社区正常秩序的恢复提供了助力。

6 结论和讨论

社区更新需要政府、企业和居民的共同参与、共同建设和共同治理。社区自组织建设能够为社区韧性建设提供重要助力，鼓励居民积极参与社区事务并发挥自治能力，从而提高居民的参与度、责任感，增强他们的自我组织能力。通过社区组织、居民议事会或志愿者团队等形式，促进居民合作解决问题、共同管理资源，并在面临挑战时提供互助和支持，实现居民之间的信息共享和协作。此外，社区自组织建设还能通过居民的互助合作和参与社区活动增强社区的凝聚力和内部信任关系，加强社区内部的社会资本，提升居民对社区的认同感和归属感，从而构建独特的社区文化和价值观。

这一过程不仅需要各主体之间的积极参与，更需要有社区治理硬件的数字化信息化作为支撑，智慧社区通过数字化和信息化技术，促进社区内居民之间的信息交流。这有助于社区居民更好地了解社区的需求、挑战和资源，提高社区居民的参与度和反馈能力；另外，通过智能化的监测系统、数据分析和预警机制，社区能够更及时地识别风险、预测变化，并采取相应的措施来减轻风险和恢复社区功能。通过数字化平台和智能化系统，社区管理者能够更好地监测社区运行、管理资源和提供个性化、高效的服务，实现社区的精细化治理。面对互联网技术的快速发展和公民意识的觉醒，社区管理者需要把自己从以前“既掌舵又划桨”的模式中解放出来，将视角放到促进居民自治和更有效率的工具上来，以期提高社区治理的效率和效能。

从微创到常态：我国城市更新的实践特点及形成逻辑[①]

钟平玉

摘要：随着我国城市的持续发展和人们对生活质量的不断追求，现如今的微创式城市更新已经无法满足韧性城市建设在局部问题上的解决，而是更加注重城市更新的系统性和整体性规划。在过去，城市更新通常采用微创式“手术”干预去解决一些特定问题，然而随着城市的不断发展和变化，这种局部性的干预逐渐显得不够综合和持久。在韧性城市建设的大背景下，我国城市更新已逐步从微创干预模式转向常态发展的战略优化，这种转变不仅能够更好地满足城市的发展需求，还能够更好地整合各方资源，达成共识，形成更加综合、持久、灵活的城市更新模式，从而促进城市的持续繁荣与进步，也能够更好地应对城市发展中的各种挑战和冲击，保持城市的稳定性和适应性，实现韧性城市的强化发展。

关键词：城市更新；韧性城市；实践特点；形成逻辑

引言

微创式调整作为城市更新的理念，强调在保留城市历史文化和特色的基础上进行优化和改进[②]。然而，随着城市规模不断扩大和发展的需求，城市面临日益复杂的挑战，如自然灾害、人口增长、环境压力、产业转移与升级等，城市更新的方式和目标也随之不断调整和升级，单纯的微创式调整难以满足

---

① 作者简介：钟平玉，华南理工大学博士研究生，研究方向：智能化与哲学研究。

② 王承华，张进帅，姜劲松．微更新视角下的历史文化街区保护与更新——苏州平江历史文化街区城市设计［J］．城市规划学刊，2017（06）：96－104.

城市长期的可持续发展，这样使得常态化城市更新才能够凸显和适应城市变化的动态节奏，从而持续提升城市的韧性和品质。如韧性城市建设要求从整体出发，而不仅仅是解决单一问题，注重城市在面对冲击时的适应能力，使城市能够更快速地恢复和适应变化。[①] 这使得城市更新也需更具有韧性，而传统的微创式更新可能难以应对复杂多变的挑战，故此，城市更新趋向常态化可以更好地满足韧性城市建设的需求。因为常态化城市更新更有利于城市全局性的规划和协调，以便在各种紧急情况下能够有针对性地作出反应。所以韧性城市建设为我国城市更新从微创到常态的转变提供了新的动力和方向，这一趋势有助于更好地保障城市的稳定性、可持续性和适应性，以应对城市发展中不断变化的挑战和机遇。

1 我国城市更新的时代特征

我国城市更新特征的多样性源于其历史、文化背景及发展需求。在城市更新历史实践中，各类突显特征塑造了我国城市更新的现状和发展方向。首先，城市更新呈现出传统与现代融合的趋势，即在保护历史文化遗产的同时，引入现代化设计和技术，以呈现独特的文化魅力和现代化风貌。其次，社区参与与民众关注成为城市更新的鲜明特征，体现了在更新项目决策中强调社区居民的参与和意见反馈，以确保项目的可持续性和社会认可度。此外，城市更新的特征还体现在其可持续发展导向上，从简单的基础设施更新发展为综合性的可持续发展策略，关注环境保护、生态恢复和资源利用等方面。最终，城市更新的特征表现为多样化的目标与策略，涵盖了经济振兴、产业升级、文化创意等多个领域，以满足不同城市的发展需求。这些特征共同构成了我国城市更新的丰富多样性，为城市更新的进程和未来发展提供了有益的借鉴和指引。

① 张明斗，冯晓青．韧性城市：城市可持续发展的新模式［J］．郑州大学学报（哲学社会科学版），2018，51（02）：59－63.

1.1 日常惯用词：我国城市更新已超 Urban Renewal 的固有内涵

城市改造作为城市发展中不可或缺的一环，在不同的时期和背景下，涌现出多种术语来描述其不同方面的内涵。其中，城市更新（Urban Renewal）、城市再生（Urban Regeneration）、城市复兴（Urban Renaissance）、城市再开发（Urban Redevelopment）等术语，构成了城市改造领域的多样语汇。然而，这些术语在某种程度上描述了城市改造的特定方面，但只有城市更新逐渐成为我国城市改造的固定研究用语，且其含义已从仅涉及城市老旧区域的再开发和改造扩展到更为广泛的领域，如今已指城市内所有变化，包括经济振兴、建筑修复、社区改造等城市变化。

现阶段，我国城市更新一词的使用内涵已超越“Urban Renewal”的本意。传统“Urban Renewal”着重于城市老旧区域的改造，主要包括城市基础设施和建筑物的更新。而在当今时代，城市更新已不再局限于这种狭隘的定义，它涵盖了更加综合的范畴，涉及社会、经济和环境等多个方面①。城市更新已不仅仅关注于简单的城市结构更新，而是以整体城市的可持续发展为目标，从多维度来促进城市的良性变革。这种城市更新的演变可以从城市的历史演变角度来理解，古时的城市更新主要涉及城市建筑的修缮、拆除和重建，伴随着城市摧毁与重建，然而，现今的城市更新已呈现出更加全面、深入的内涵。城市不仅仅是一座堆砌的建筑物，更是一个综合体系，包括了人与人之间的社会关系、经济活动的发展、生态环境的保护等多个方面，从建筑更新扩展到社会、经济和环境等多个层面更新，以适应城市发展的多元需求。

城市更新的范围和目标的演化，标志着城市改造理念的深刻变革。在这一变革过程中，城市更新的内涵不断丰富，越趋全面和综合。城市更新不再只是被视为简单的改善，而是更强调可持续发展。这种演变正是城市更新超越“Urban Renewal”的直接体现，反映了我国城市改造已经在更高的层次上思考城市的未来。然而，“Urban Renewal”作为一个术语，在我国城市改造领域的使用仍具有一定的限制性。传统的“Urban Renewal”概念未能完全涵盖我国城市更新的全面内涵。随着我国城市的快速发展和不断变化的需求，城

---

① 刘伯霞，刘杰，程婷，等．中国城市更新的理论与实践［J］．中国名城，2021，35（07）：1－10.

市更新的范畴已经扩展到包括经济振兴、社会发展和环境保护在内的多个领域。因此，为了更准确地描述我国城市更新的内容，我们逐渐丰富了“Urban Renewal”的含义，使其成为一个更具丰富内涵的固定用语，以更好地反映我国城市更新的现状和发展方向（图1）。

时期 情况	1949年前	1949年后
更新 缘由	战争破坏 灾害摧毁	经济发展 时代需求
更新 情况	修缮为主 城市衰落	拆毁破损 重建为主
前后 变化	恢复原貌 规模差异	空间优化 功能优化

图1　1949 年前后我国城市更新情况

1.2　连续性发展：我国城市更新在时间跨度上彰显出阶段式活力

从时间跨度上看，我国城市更新呈现出一种连续性的演变过程。因为城市更新并不是一次性孤立的事件，而是一个长期的、持续性的过程，涉及多个阶段、周期和参与者，以不断强化城市的可持续发展和韧性为最终目的。所以从时间跨度上看，这种连续性表现在城市更新不仅关注短期内的问题，还考虑了长期发展的需求，以适应城市变化和发展的不断演变。体现在对城市的持续改进和优化，以满足不同时期的居民需求和城市发展目标。因此，这种社会参与使得城市更新不仅仅是政策的制定和工程的实施，更是一个持续的多方利益相关者的合作和参与过程，包括政府、市民、企业等。例如，市政设施的维护和更新需要定期进行。随着时间的推移，城市的各个方面会逐步得到改善，往往不同的阶段有其特定的目标和任务相互衔接，形成城市更新的连续性。例如，初期确定更新范围和规划，中途实施更新工程，最后是监测和评估效果。

传统的“Urban Renewal”通常涵盖了城市中某一时期或某一区域的再开发和改造，强调改善物理环境和提升城市面貌。然而，我国城市更新的发展已经延展到更长的时间跨度，追溯到历史悠久的城市演进过程中，这种更长时间跨度的城市更新反映了城市更新的连续性和历史积淀。我国城市更新在更长的时间跨度内，持续地对城市进行更新和改造，不仅关注当下的问题，还考虑了历史遗产的保护和传承。这使得城市更新成为一个持续性的过程，而不仅仅是某一时期的单一行动。城市更新的连续性在我国的发展过程中体现得尤为明显，不同历史时期下的城市更新行动，相互交织，形成一个连续的更新脉络。这种连续性不仅仅是单一时期的反映，更是多个时期努力的结果。

正是因为城市更新的时间跨度具有复杂性，所以随着科技和社会的变革，不断涌现出新的理念、技术和方法，城市更新的历史性积淀和持续性发展，构成了城市更新的丰富内涵，体现了城市更新的历史延续和演进，导致城市更新成为一个涵盖过去、现在和未来的时间集合体，这种持续创新使得城市更新能够持续地适应时代的发展，保持连续性，它不仅是对现有城市的改造和升级，还是塑造未来城市局面的过程。

1.3 无序性扩张：我国城市更新在空间位置上表现出蔓延式发展

城市扩张已成为我国快速城市化的关键问题，特别是城市蔓延发展对周边区域的无序性兼并。从空间位置上看，城市更新的延展性体现在对城市范围内不同区域的连续性改造和更新，这不仅仅局限于某一特定地区或街区，而是涵盖了整个城市及周边的各个部分。例如在《中华人民共和国行政区划沿革地图集：1949—1999》中就介绍了中华人民共和国 50 年行政区划变迁及现状为专题的地图集，其中上海 16 区的行政区变迁前后就经历了 58 年[①]，尤其是在兼并周边地区上显得极为无序扩张蔓延（图 2），属于典型的根据政策、人口、交通、土地、经济等综合因素下的无序兼容式城市蔓延发展。这种无序兼容也存在限制，它并不能准确从商业、住宅、工业上划分土地，从而需要更为全面地了解土地利用和城市功能的兼容属性[②]。

---

① 陈潮，陈洪玲．中华人民共和国行政区划沿革地图集：1949—1999［M］．北京：中国地图出版社，2003.

② Zhang D，Wu Y，Liu M. Characterizing Sprawl Development in Urban China：A Perspective from Urban Amenity. Land［J］. 2023，12（6），1180：13－14.

<table>
<tr><th>1956</th><th>1958</th><th>1960</th><th>1964</th><th>1981</th><th>2000</th><th>2022</th></tr>
<tr><td colspan="2">榆林区</td><td rowspan="3">杨浦区</td><td rowspan="4">杨浦区</td><td colspan="3" rowspan="3">杨浦区1964</td></tr>
<tr><td colspan="2">杨浦区</td></tr>
<tr><td rowspan="3">北郊区</td><td rowspan="4">宝山县</td></tr>
<tr><td>吴淞区</td><td>吴淞区</td><td colspan="2" rowspan="3">宝山区1992</td></tr>
<tr><td colspan="3" rowspan="2">宝山县</td></tr>
<tr><td rowspan="2">原属江苏</td></tr>
<tr><td colspan="4" rowspan="2">嘉定县</td><td colspan="2" rowspan="2">嘉定区1992</td></tr>
<tr><td rowspan="4">西郊区
原属江苏</td></tr>
<tr><td rowspan="3">上海县</td><td colspan="3" rowspan="2">上海县</td><td colspan="2">今属长宁区</td></tr>
<tr><td colspan="2" rowspan="2">闵行区
1992</td></tr>
<tr><td colspan="3">闵行区（1981复设）</td></tr>
<tr><td>东昌</td><td colspan="2" rowspan="2">浦东县</td><td colspan="2">属南市区</td><td rowspan="3">浦东
新区
1993</td><td rowspan="4">浦东新区</td></tr>
<tr><td>东郊</td><td colspan="2" rowspan="2">川沙县</td></tr>
<tr><td rowspan="7">原属江苏省</td><td colspan="2">川沙县</td></tr>
<tr><td colspan="5">南汇区（2001前南汇县）</td></tr>
<tr><td colspan="4">青浦县</td><td colspan="2">青浦区2000</td></tr>
<tr><td colspan="4">松江县</td><td colspan="2">松江区1997</td></tr>
<tr><td colspan="4">奉贤县</td><td colspan="2">奉贤区2001</td></tr>
<tr><td colspan="4">金山县</td><td colspan="2">金山区1997</td></tr>
<tr><td colspan="6">崇明区（2016年前崇明县）</td></tr>
</table>

图2　中华人民共和国成立后上海市行政区兼并地区变化

从空间位置上看，城市更新呈现出的延展性，涵盖了城市不同区域的更新和改进。城市更新的延展性还涉及城市边缘区域的更新，以加强城市的连接性和一体化发展，这可能包括交通网络、交通枢纽等的改善。通常不仅局限于特定的城市区域，而且涵盖城市内不同的区域和社区。不同区域的更新相互影响，共同构建城市的整体发展，主要体现在中心城区和郊区的更新上。中心城区可能涉及老旧建筑的改造和功能升级，而郊区则可能涉及规划新的生态住区或商业区。城市更新的延展性还体现在对历史遗产区和文化地标的保护和更新上。这些区域的更新要求在保留历史特色的同时，注入新的活力。比如在一些城市中，经济特区和新兴区域往往是城市更新的重点。这些区域可能是创新产业的孵化地，需要更新以适应新的经济格局，尤其是生态绿地和城市景观的改进。这可能涉及公园、河流、湖泊等自然资源的保护和恢复，以及城市美化工程。

传统的"Urban Renewal"通常侧重于局部范围内的城市再开发和改造，强调改善特定区域的城市面貌。然而，我国城市更新的发展已经扩展到更广泛的空间范围，体现出城市更新的延展性和全局性。因为，我国城市更新在空间上不仅仅局限于某一片区域或特定街区的改造，而且涵盖整个城市甚至城市群的发展。城市更新在推动城市内不同区域的协调发展、优化布局以及资源合理配置等方面发挥了重要作用。这种空间上的延展性使得城市更新不再局限于局部范围，而是在更大的空间尺度上进行，促进了城市全面、协调地发展。促使城市实现空间上的合理利用、优化布局等方面的城市更新涉及城市各个不同区域，包括市中心、郊区、老旧城区等，从而实现整个城市范围的发展和更新。所以我国城市更新项目通常会考虑交通网络的布局和改善，以便更好地连接各个地区，促进人流和物流的顺畅流动。因此，在城市更新过程中，不同地区的功能可能会重新调整和整合，以适应城市发展的需要，实现不同区域间的协调发展。更新可以包括公共空间的设计和改善，使城市不同地区的景观更加一致，提升城市整体的形象和品质。城市更新可以考虑生态保护和可持续发展，将不同地区的生态系统纳入规划，实现城市内部的生态平衡，在更广泛的空间范围内发挥作用，推动城市整体发展，体现了城市更新的全局性和综合性。

2　我国微创式城市更新的实践特点

微创式城市更新是在保留城市原有特色的基础上，通过局部、渐进的改善来实现城市的更新和升级，以满足不同区域和社区的需求①。这种策略强调了人们对城市的归属感、舒适度和生活质量的关注，同时也考虑了环境、文

① 宁昱西，吉倩妘，孙世界等．微更新理念在西安老城更新中的运用［J］．规划师，2016，32（12）：50－56.

化、社区参与等因素。旨在通过精细化、定制化的改造方式，以及利用科技、文化、环保等手段，优化城市环境、提升城市品质，并推动城市的可持续发展。

2.1 以微创式调整来改变城市的更新体系

在城市体系中，微创式城市更新通常采取渐进实施的方式，将改造分为多个阶段，逐步推进。这种渐进实施能够降低风险，同时也可以根据实际效果进行调整和优化，注重细节层面的改造，以实现局部的提升，而不是大规模地拆除和重建。通过精细化改造，以最大程度地保留城市的历史、文化和社区特色。这种更新策略有助于实现城市的平衡发展，提升城市软实力，提高居民的生活品质，并使城市更具活力和吸引力。这样可以减少社会冲突，降低风险，并适应城市的发展变化，相对于传统的大规模拆迁和重建，微创式城市更新更注重保护历史文化、保留社区记忆，以及实现城市的可持续发展。在社会中产生共鸣，以更充分地利用城市已有的资源和基础设施，避免浪费，提高资源利用效率，也可以随时根据调整的效果进行评估和优化，从而更好地控制潜在的风险。

城市是一个复杂的生态系统，涉及许多不同领域的相互关联①。首先，城市人口及其收入水平的增长为改善城市生活条件创造了强劲需求；其次，以市场为导向的土地改革和开发商从土地租金缺口中追求土地相关投资回报，为城市建筑的拆除和重建带来强大驱动力；最后，上级政府和地方政府在促进城市发展中将非正式城市空间纳入正式城市地区方面也发挥了关键作用②。因此，在不改变城市主体的前提下，通过微创式调整，可以有针对性地对特定问题进行调整，避免一刀切的做法，从而更好地实现城市体系的改变，也就是微创式城市更新强调在更新过程中实施小规模、有针对性的调整，而非彻底重建，这种实践特点充分体现了在城市体系改变中采取微创式调整的可行性。传统的大规模更新往往会造成资源浪费、社会矛盾，而微创式调整更加灵活，能够有效应对城市发展中的不断变化。也可以在不损害各方利益的

---

① 钱学森．一个科学新领域——开放的复杂巨系统及其方法论［J］．城市发展研究，2005（05）：1－8.

② Jiang，L.，Lai，Y.，Chen，K.，Tang，X. What Drives Urban Village Redevelopment in China? A Survey of Literature Based on Web of Science Core Collection Database. Land［J］. 2022，11，525：1.

前提下，实现城市体系的改变，从而促进城市的可持续发展，使之成为实现城市体系改变的有效途径，为城市的可持续发展注入了新的活力。

2.2 以微创式品质来优化城市的人文情怀

微创式品质优化是一种注重细节和品质的城市改善方法，通过在城市环境中进行小规模、精细化的调整和提升，增强城市的人文魅力和居民的生活品质，以达到提高居民生活品质和创造更加人文情怀的城市空间。因为在城市更新中，通过微小的品质改进，可以更好地展现城市的个性和独特魅力，这有助于更好地了解社区的需求和期望，从而调整更新策略，使其更具可持续性和社会认可度。基于此，以通过城市公共空间、文化和艺术以及文化扩展行业之间的积极互动，可以赋予城市巨大的活力，不仅可以在提升城市形象、促进文化旅游、吸引多元化投资和留住高素质人才方面发挥积极作用，还可以更好地应对城市衰败带来的经济、社会和文化危机，如上海西外滩文化产业驱动的再生模式①。所以微创式品质优化关注居民的日常生活体验，通过改善城市环境细节，创造更加人性化和温馨的城市氛围，满足居民的情感需求。

通过微创式品质优化，城市可以在保留自身特色的基础上，逐步创造更加温馨、有人情味的城市氛围，提升居民的幸福感和归属感，体现城市的人文情怀。这种方法对城市更新有着积极的影响，使城市更加符合居民的期望和价值观。所以在更新过程中，不同人群对城市的人文情怀有不同的期待和需求，可以尝试不同的设计理念和艺术元素，以提升城市的品质和人文情怀，历史和文化也反映了人们对城市发展的多维度关注，不仅仅局限于经济层面，还包括文化和情感层面。这种情感寄托和城市文化的关联，对城市更新的影响不容忽视。从后现代主义的思维来看，通过保留历史文化、注重细节、鼓励创新和创造性设计以及满足多样化需求，微创式品质优化为城市注入了更丰富的人文情怀，使城市成为人们情感和精神共鸣的重要场所②。

---

① Wang C，Huang J，Wang S，Zhou J. Strategies of culture – led urban regeneration：A case study of west bund in shanghai. China City Planning Review［J］. 2022，31（3）：82.

② 邢蓬华．标识导向系统设计在城市商业集聚区中的人文情怀［J］. 华南师范大学学报（社会科学版），2017（03）：184 – 188 + 192 – 193 + 2.

2.3 以微创式策略推动城市的可持续发展

微创式策略是一种注重创新、灵活性和小规模改进的方法，可以在城市的可持续发展中发挥重要作用。通过微创式策略，城市可以在保持稳定性和连续性的同时，实现可持续发展。因为微创式策略的特点是灵活性，可以随时根据需要进行调整和改进，这使得城市能够更好地适应变化和风险，增强城市的韧性和抵抗力，还可以在资源有限的情况下，最大程度地提升城市功能和效益。这种微创式城市更新是从传统的大规模拆除转变为社区规模的小范围、渐进、有机更新，它整合了“保留、改造和移除”的内涵，制定出差异化的更新方法，通过政府租赁或回购闲置住宅、转换为经济适用房以及严格控制住房租赁市场来容纳更弱势群体，利用历史、文化和生态等资源的发展潜力进行保护（再）发展，突出本源的风格特点①。

微创式城市更新强调小步改进和渐进式变化。这种策略可以避免过大的干预和破坏，从而减少对城市环境的不利影响。通过持续的微小调整，可以实现城市的平稳发展，符合可持续发展的原则。也就是以微转型模式为核心的城市规划思维已被纳入城市更新，以促进资源的密集利用，最大限度地保护公众健康和利益。因为在城市更新中，通过精细化的规划和设计，可以更好地利用现有资源，减少浪费，这种资源的有效利用有助于提高城市的经济效益和环境的可持续性。所以通过微小的改变，可以影响城市的各个方面，从建筑物到交通系统，从环境到社会文化，推动可持续发展形成共识。这种综合性的改变有助于实现城市的全面可持续发展，能够使城市在保持稳定的同时逐步达到可持续的目标，实现经济、社会和环境的协调发展，使得城市在更新后能够保持稳定的发展态势。

3 我国城市更新进入常态化的形成逻辑

我国城市更新常态化是一种更加科学、智能和可持续的更新模式，能够

① Wang C, Huang J, Wang S, Zhou J. Strategies of culture – led urban regeneration: A case study of west bund in shanghai. China City Planning Review [J]. 2022, 31 (3): 82. Liu W, Yang J, Gong Y, Cheng Q. An evaluation of urban renewal based on inclusive development theory: The case of wuhan, china. ISPRS International Journal of Geo – Information [J]. 2022, 11 (11): 563: 11.

更好地适应城市的发展需求，提升城市质量和竞争力。

3.1 我国城市更新常态化情景日益明显

现阶段，我国城市更新已在各个方面均体现出常态化情景，无论是相关研究还是实际项目工作都日益明显。首先是相关学术研究，我国学者在学习研究西方城市更新的经验基础上，探索出符合我国国情的城市更新成果，在知网上以“城市更新”为关键词搜索，文献数量呈现逐年增多。其次是相关城市更新的政府规范性文件，从2012年开始也在逐年增加，看似我国城市更新研究或项目工作，好似已进入常态化中，其实这种常态化是微创式的常态化，是连续的微创式更新。

实则，从微创式城市更新的实践特点、数字时代下城市更新的趋势，以及社会影响与可持续发展等角度来看，得出我国城市更新已是常态化的论断实属武断。因为微创式城市更新的实践特点深刻地反映了城市更新的常态化趋势，而不是长期处于一个时空。微创式城市更新强调多元化改造、可持续性、社会和谐等特点，这些方面都是城市更新常态化的基本体现。但微创式城市更新注重小规模的精细化管理，将城市更新划分为多个小项目，这不仅降低了风险，也使得更新过程更加容易控制，从而促进了城市更新的常态化。所以在微创式城市更新中保护历史文化、社区参与、生态环境考虑、文化创意等方面，是为了注重城市人文品质的提升，强调城市更新对居民生活品质的积极影响，而不是一种无引导式的自发自主的社会活动。例如，数字时代下城市更新的趋势也明确指明了城市更新常态化的方向，以数字技术的应用为城市更新提供了更多智能化、高效化的手段，实现了数据驱动的规划与决策。这意味着城市更新不再是孤立的项目，而是通过数字化的手段实现了更新过程的实时监测和精细管理。这种数据驱动的常态化管理，不仅提高了城市更新的效率，也减少了更新过程中的风险和不确定性。

同时，微创式城市更新强调社区参与、社会和谐、可持续性等，这些特点都使得城市更新更加符合社会的期望和需求。社区居民的参与和意见反馈，不仅增强了更新策略的科学性，还增加了更新的社会认可度。另一方面，在城市更新项目工作中，在实际项目中，微创式城市更新的理念正在得到广泛应用。项目方更注重细节和居民需求，倡导社区参与和可持续发展。例如，保护历史文化遗产，已成为许多城市更新项目的重要任务。通过文化创意的引入，城市的历史与现代得以结合，不仅增强了城市的文化内涵，也提升了城市的吸引力。社区居民的参与也逐渐成为项目决策的重要依据，这有助于项目更好地符合社区的需求，增加了项目的可持续性。

总体而言，我国城市更新已步入常态化的情景，这不仅在理论研究中体现出来，更在实际项目中得到了充分的验证。微创式城市更新的实践特点、数字时代的技术应用、社会影响与可持续发展等方面的证据，都表明我国城市更新正朝着更加常态化、智能化、可持续化的方向迈进。在未来，随着更多城市微创式更新内容加入和实践不断深入，我国城市更新的常态化情景必将得到更加充分的凸显，为城市的可持续发展创造更加良好的趋势。

3.2 城市建设从建筑体系转向数字智能

随着我国城市更新趋于常态化，城市的更新方式和方法也在不断演变，以适应城市发展的需要。因为现在城市更新不再是仅仅关注单一建筑改造，而是将数字智能融入城市发展，提升城市的智能化水平，从而增强城市的韧性和可持续性。因为传统的建筑体系往往难以满足城市的复杂管理需求，而数字智能通过大数据分析、人工智能等技术手段，可以实现对城市各个方面的实时监测和精细化管理，从而提高城市的运行效率和管理水平，减少资源浪费和环境污染。因为智能城市可以提供更便捷的交通方式、更高效的公共服务、更舒适的居住环境等，使居民享受到更好的生活体验，数字智能技术的应用不仅仅是技术革新，更是城市发展的新方向，将为城市创造更加智慧、宜居、可持续的未来①。所以在韧性城市建设中，数据智能在预测和应对变化方面起着关键作用，如 GIS（地理信息系统）、BIM（建筑信息模型）等。这些技术可以实现更精确、更全面的城市规划，使城市更新更加科学和高效。数字技术的支持使得城市更新可以更迅速地适应变化，实现更加有针对性的更新，尤其在交通和基础设施的数字化改造方面，例如，智能交通信号灯、智能公共交通系统等，能够提升交通效率和城市运行效果，促进城市更新的可持续发展。

从传统的建筑体系转向数字智能是数字时代下我国城市更新常态化趋势的重要体现。因为城市的基础设施将不再是单纯的建筑物，而是融入了智能感知、数据分析和自动化控制等元素，例如，智能交通系统、智能能源管理、

---

① 孙中亚，甄峰．智慧城市研究与规划实践述评［J］．规划师，2013，29（02）：32－36.

智能垃圾处理等。这些数字技术的广泛应用将推动城市更新更加精准、高效，为城市可持续发展提供坚实支持，从建筑体系转向数字智能，不仅提升了城市的硬件设施，更重要的是提升了居民的生活品质。所以数字智能技术的应用可以将城市更新从简单的“改建”提升到了“智慧城市”层面。

3.3 城市形式从劳动聚拢转向科技密集

随着城市更新的常态化进程，我国城市正逐步从劳动密集型产业转向科技密集型产业，这一转变得以实现的关键在于城市更新的常态化。因为传统的劳动密集型产业往往需要大量的人力资源和土地资源，而科技密集型产业更加依赖于研发、创新和高科技设备。通过城市更新的常态化，可以提供更多的空间用于科技研发和生产，创造更有利于科技产业发展的环境。科技产业对高素质人才的需求较大，常态化的城市更新可以提供更好的生活环境和发展机会，从而吸引人才投身于科技领域，推动科技产业的发展。城市更新能够引入先进技术，如自动化生产线、智能机器人、新能源等，从而提升生产效率，减少人力投入，这些高科技领域的发展可以为城市带来新的经济增长点，并吸引更多高端人才。高科技产业和科技密集的城市更新吸引了更多的高素质人才，这些人才在创新、研发和科技领域具有专业技能，推动了城市的科技进步和创新能力发展。这有助于城市的经济增长和产业升级，例如，智能交通管理系统、能源管理技术等有助于减少能源浪费和环境污染，将有利于科技密集型产业的发展，促进技术进步和产业升级。常态化的城市更新将为科技密集型产业的发展提供更好的环境、人才和资源，推动城市的科技创新和产业升级，实现城市更新和产业发展的良性互动。因此，从劳动聚拢转向科技密集是在我国城市更新常态化进程中的合理且有前景的发展方向。

3.4 城市更新从政府主导转向市场拉动

随着我国城市更新趋于常态化，市场机制的引入促使城市更新更具市场竞争力，提高了城市更新的灵活性和可行性。因为城市更新从政府主导转向市场拉动，体现了城市发展和改善的方式和策略的变革①。在过去，城市更新

① Chunsheng M，Bing Z，Yan Z. Market – Oriented Development Under the Government Regulation in Urban Renewal：The New Idea for the 13th Five – year Plan of Urban Renewal in Shenzhen［J］. Urban Planning Forum，2018.

往往由政府牵头规划、组织和实施，政府在土地征收、项目选址、资金投入等方面发挥主导作用。这种政策更多表现在自上而下的强制纵向转移、自下而上的组合反向转移和城市间的自愿横向转移来实现政策转移①。所以随着市场经济的发展和理念的变化，城市更新也逐渐发生了转变，市场在城市更新中的作用逐渐凸显出来。因为市场能够更精准地配置资源，将资源引导至最具发展潜力的项目，推动城市更新的战略性和可持续性，所以市场拉动的城市更新模式也需要政府的引导和监管，以防止市场失灵、产生不公平竞争和损害公共利益。政府需要在法律法规、环境保护等方面发挥积极作用，保障市场的正常运行和项目的可持续发展。城市更新从政府主导转向市场拉动，能够更好地发挥市场机制的作用，提高城市更新的效率和质量，推动城市的可持续发展。政府和市场的合理协调与配合是成功实现城市更新的关键②。

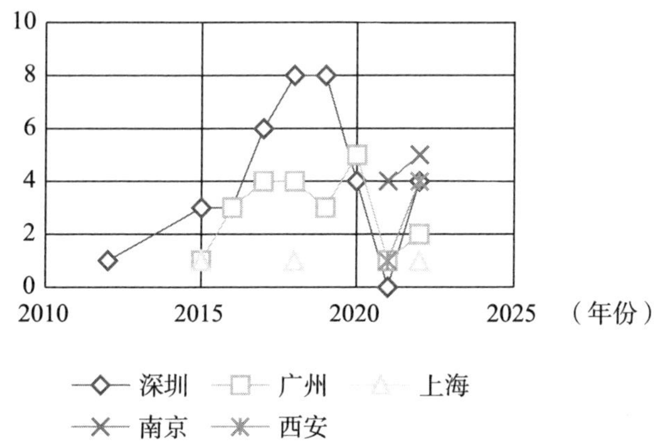

图3　2010年后5市级政府政务公开规范性文件关于城市更新的数量变化

在市场拉动模式下，政府不再需要过多地干预和管理经济活动，从而减轻了政府的负担。政府可以更加专注于提供公共服务、监管市场秩序和创造良好的营商环境。同时市场拉动模式能够更有效地配置资源，使资源流向具有竞争力和潜力的领域，从而提高资源的利用效率和经济效益。这样的市场参与能够增强城市的活力和创新能力，推动城市经济的增长和发展（图3）。然而，市场拉动模式也需要适度的政府引导和监管，以防止市场失灵和不公

① Huang Y，Wei L，Liu G. “Inspiring” policy transfer：Analysis of urban renewal in four first - tier chinese cities. Land［J］. 2023，12（1），118：1.

② 李艳玲．美国城市更新运动与内城改造［M］．上海：上海大学出版社，2004：158 - 161.

平竞争。政府在法律法规、公共服务、基础设施建设等方面的作用依然重要，需要与市场相互配合，实现良性循环（图4）。

	政府	市场	时期
政府主导 市场配合	主导 监管	辅助 配合	1949— 1978年
政府引导 市场拉动	引导 监管	主力 拉动	1979— 2011年
市场拉动 政府监督	提供公共服务、 监管市场秩序、 创造良好营商 环境	优化配置 增强活力	2012年至今

图4　不同时期的政府与市场在城市更新中主次位

3.5　城市规划从粗放型增量转向高质量存量

随着城市更新趋于常态化，传统的粗放式增量的城市规划逐渐不适应城市的可持续发展需要。这种增量扩张模式往往过于注重城市的规模和数量，忽视了城市内部的品质和结构。然而，常态化城市更新鼓励更加注重城市的质量和功能，迫使城市规划转向高质量存量的方向。大背景是经济增速的放缓，人口城镇化进入中后期、土地资源紧缺、保护历史和文化需求出现等[①]。所以在城市更新常态化的背景下，城市规划需要更加注重对现有城市资源的合理利用和优化配置。这种转向高质量存量的城市规划可以通过提升城市内部的空间布局、建筑设计和环境品质来实现。也就是通过这种改造优化现有的城市结构，使城市的功能更加多元化、宜居性更强、绿色环保更有力，从而提升城市的整体品质。同时随着城市的发展，很多城市已经进入存量阶段[②]，因此，城市规划需要思考如何在有限的空间中实现更好的规划效果。因为高质量存量的城市规划可以鼓励创新城市设计和规划理念，引入智能技术和可持续发展理念，实现城市的功能多元化和人居环境的提升，为城市创造

① 万勇，顾书桂，胡映洁．基于城市更新的上海城市规划、建设、治理模式［M］．上海：上海社会科学院出版社，2018：1－2.

② 万勇，顾书桂，胡映洁．基于城市更新的上海城市规划、建设、治理模式［M］．上海：上海社会科学院出版社，2018：260－261.

更加宜居和繁荣的未来。所以城市更新不再简单地追求增量扩张，而是优化城市空间布局，提高城市更新的质量和效益，从而增强城市的韧性。在存量城市发展中，也注重保护和传承城市的历史和文化遗产，避免因为过于急速的增量开发而丧失城市的独特性，这代表着城市规划和发展的成熟，更加注重资源的合理利用、功能的优化和环境的可持续性。

3.6 城市理念从野蛮增长到满足多元需求

随着人们对城市生活的多样化需求，城市发展开始关注经济、环境和社会的平衡，追求经济增长的同时也注重环境保护、资源节约和生态平衡，以确保城市的发展不会对自然环境造成不可逆的损害。因此城市更新也开始考虑社会、环境和居民的多元需求，推动城市更新更加符合城市的实际情况，增加城市的可持续性和韧性①。在过去，许多城市在追求经济增长的过程中，往往忽视了环境保护、社会公平和居民生活质量等方面的需求，导致了不可持续的野蛮增长模式。事实上，居民的福祉被视为城市可持续发展的最终目标，也是反映城市规划中人文主义概念的重要象征，更确切地说，它应该满足社会生活的物质需求，安排人类生活空间的使用和分配，以解决环境、住房、教育和交通等城市问题，并以此来满足人文科学的需求②。然而，随着社会认识的提高和环境问题的凸显，城市发展理念逐渐转向了更加平衡和多元的方向，野蛮增长往往强调数量和速度，但容易忽视质量、生态和社会平衡。而在常态化的城市更新中，随着城市理念转向更加综合和可持续的方向。城市不再仅仅追求增长，而是更注重提升居民的生活质量，包括社会、文化、环境等各个方面，有助于创造更美好的城市生活，人们在城市中能够获得更多选择和机会，促进社会稳定和发展。也就是在逐渐放弃粗糙的城市化和对高质量城市空间的需求日益增长的背景下，允许街道可达性、建筑类型和密度以及功能混合的积极影响之间的协同作用，往往会比城市建筑密度更能诱导出城市活力的发挥③。因此，城市理念从野蛮增长到满足多元需求在常态化

---

① 查君，金旖旎．从空间引导走向需求引导——城市更新本源性研究［J］．城市发展研究，2017，24（11）：51－57.

② Yang Q，Zhang C. How does the renewal of urban villages affect the resettled villagers' subjective well－being? A case study in wuhan，china. Land［J］. 2023，12（8），1547：1－2.

③ Ye，Y.；Li，D.；Liu，X. How block density and typology affect urban vitality：An exploratory analysis in Shenzhen. China. Urban Geogr［J］. 2017，39：648.

的城市更新中具有可行性，有助于实现城市的可持续发展和提高居民的综合幸福指数。

3.7 城市目标从经济繁华转向社会韧性

随着经济社会的发展和环境的变化，城市目标不再仅仅依赖于某一领域的经济增长，而是推动城市在多个领域实现平衡和多样化的发展，从而降低城市受到某些因素影响的风险。以前，城市发展主要关注经济增长和实现特定的使命或目标，这意味着在过去，城市管理者和规划者通常将重点放在追求经济繁荣、吸引投资、提供就业机会等方面，以实现城市的发展使命。经济增长被视为城市成功的重要标志，而其他因素可能在一些情况下被较少考虑，如加强城市的应急和灾害管理能力，提前规划和准备，以便在自然灾害、紧急情况等突发事件发生时能够迅速作出反应和恢复。这些问题观念的转变使得城市目标更加注重社会稳定性和抵御外部冲击的能力，即社会韧性。也就是城市从过去追求经济增长和特定使命的发展模式转向了强化城市韧性的趋势，这会随着城市更新的常态化，使城市管理者和决策者加深对城市发展的长远目标的思考。在城市规划和发展中更加注重社会公平、环境保护、社会安全等因素，从而实现城市目标从经济繁华到社会韧性的转变。

4 城市韧性建设需要城市更新的常态化

持续强化城市的韧性就需要城市更新成为一种常态化的过程，以确保城市在面对各种挑战和变化时能够持续地适应、应对和恢复，从而保障城市的可持续发展和稳定性，这种常态化的城市更新将为城市韧性的增强提供有力支持。

4.1 城市更新目的是强化城市韧性

城市韧性建设需要城市更新的常态化，这是因为城市更新作为一种持续的、有计划的城市改造和发展方式，能够为城市创造更加灵活、适应性强的发展环境，从而增强城市的韧性。同样也意味着将城市更新纳入日常规划和运营中，以适应动态的挑战和需求，从而保持城市的适应能力、弹性和可持续性，实现城市的长期稳定发展。这种常态化的城市更新不仅强调单次改变，更强调不断地优化和调整城市的各个方面，以适应不断变化的环境和社会需求，从而保障城市在各种情况下都能保持韧性和应对能力，使其能够在未来的挑战中持续保持活力和竞争力。因为城市在面临不断变化的社会、经济、环境等因素，常态化的城市更新使得城市能够不断调整自身结构和功能，以适应不同的挑战和需求，从而提升城市韧性，这有助于优化城市资源配置和环境改善，从而增强城市的韧性。所以常态化的城市更新可以消除资源浪费、减少环境污染等问题，提升城市的可持续发展水平，使城市更具有应对外部变化的能力，从而促进城市社会结构的协调和创新，提高城市内部的互联性和合作性，来增强城市的整体韧性。也就是通过更新，城市可以在优化基础设施、社会服务等方面，为居民提供更好的生活质量，使城市更加具备抵御挑战的能力，从而使城市更具有适应性、韧性和可持续性，以实现更好的发展和提升应对外部挑战的能力。

4.2　常态化城市更新是对城市韧性的不断强化

城市更新常态化可以通过不断优化城市的基础设施、社会系统和经济结构，提高城市应对各种冲击和挑战的能力，从而增强城市的韧性。这种常态化的更新过程使城市能够更好地适应变化、抵御风险，并在面对压力和挑战时迅速恢复和发展，也可防范城市中心地位、功能、结构转移，以此来认清城市地位的不可或缺性。也就是通过城市的持续更新和优化，逐步提升城市的适应性、抵抗力和恢复力，从而更好地应对各种外部冲击和变化，实现可持续发展。这种强化的城市韧性有助于城市更好地应对自然灾害、经济波动、社会变革等不确定性因素，确保城市的稳定和可持续性。例如，城市更新对当地住房的单位交易价格有显著的积极溢价效应，城市道路网络密度的优化与特定街道人口密度的相互作用也有中等溢价效应①。故此在发展城市多元产业上，要减少对单一产业的依赖，使城市经济更加稳定，降低经济风险和持续改善城市环境，提高城市的生态适应性等。也可不断引入新的科技和创新，以应对现代社会的复杂问题，提升城市的创新能力，增加城市在全球竞争中的竞争力。这种科技创新不仅提升城市的效率，还增强城市的创新力和竞争

---

① Li X, Wang J, Luo K, Liang Y, Wang S. Exploring the spillover effects of urban renewal on local house prices using multi－source data and machine learning: The case of shenzhen, china. Land [J]. 2022, 11 (9), 1439: 13－14.

力，使其能够应对各种挑战。同样在涉及社会广泛参与上，增加了市民对城市发展的参与度和责任感，会进一步增强城市发展的韧性。

5 总结与讨论

城市更新的目标在于振兴发展疲软的城市，以保持或增强城市的活力，而非消除城市贫困和社会冲突等现象。因此，城市更新并非仅为了追求共同富裕，而是旨在加强对城市资源和社会利益的统一管理，关注资源的整体配置而非分配。城市更新普遍改善了城市的居住环境，提升了居民的生活质量，其主要功能在于缓解问题，而非完全解决问题，比如住房价格问题。如今城市更新项目的规模和范围变化很大，例如，东北老工业城市的振兴或者资源型城市的转型都需要综合考虑，这种转型涉及城市的整体变革以及产业链的潜在转移。如资源枯竭的城市转向资源研究的高科技转型，涉及从劳动密集型产业向科技密集型产业的转变。

城市更新需要分层，并应根据每个城市的特点来进行规划。城市更新的深度和广度应相应地进行调整。城市更新在振兴城市、保持城市活力和提高居民生活质量方面发挥着关键作用。然而，需要认识到城市更新并非解决所有城市问题的灵丹妙药。相反，应视其为更大战略的一部分，其中包括资源管理、产业转型和社会凝聚力等各种因素的谨慎考虑。

政企合作视角下片区型城市更新评价指标体系构建①

杨蕊源　司美林

摘要：从政企合作视角推动片区型城市更新是创新多主体合作机制、提高城市存量时空资源整合效率、打通城市更新建设运营治理闭环的重要途径。政企合作视角下的片区型城市更新在主体协同、时序统筹、尺度协调方面面临诸多难点与挑战，有待构建一套科学统一、统筹兼顾、完备有效的城市更新评价指标体系，作为政企合作的协同对话平台和量化决策依据，促进政企合作机制的实现和更新目标的达成。本研究基于政企协同共赢、全周期管理、稳定性与弹性相结合三方面的构建逻辑，提出从政企合作视角下搭建覆盖事前和事后全周期、兼顾普适性和地区特色性的片区型城市更新评价指标体系。该评价指标体系在畅通政企合作机制、支撑全周期动态监测、衔接片区更新实施路径等应用场景方面，具有一定的参考借鉴作用和应用推广价值。

关键词：片区型城市更新；指标体系；政企合作；全周期

1　引言

城市更新是推动城市高质量发展、促进城市精细化治理、营造高品质生活家园的重要战略抓手。从各地实践态势来看，传统以项目化、散点式城市更新方式，逐渐暴露出单纯注重短期局部利益、对城市整体效益考虑不足、资源整合难以形成合力等方面的局限性，城市更新政策和先行地区实践越来

① 作者简介：杨蕊源，北京清华同衡规划设计研究院有限公司总体一所主创规划师、工程师，研究方向：城市更新、城市设计、城市体检；司美林，北京清华同衡规划设计研究院有限公司总体一所副所长、高级工程师，研究方向：城市更新、城市设计、城市体检。

越强调片区统筹的整体思维，片区型城市更新逐渐成为行业共识。然而，片区型城市更新由于空间尺度扩大呈现出更新资源类型多样、功能业态综合多元、涉及主体关系错综复杂，以及更新时间跨度长、项目周期和项目阶段多元、不同项目类型统筹推进等特征，具有时空双重复杂性。在此背景下，单纯依靠政府自上而下推动，或通过社区居民自发开展片区型城市更新，均面临较大实施难度。片区型城市更新往往需要通过引入强有力的市场主体，以政企合作、片区统筹模式创新，激发片区型城市更新的动力与活力。

以公众利益为代表的政府和以市场需求为代表的企业作为推动城市更新工作的两类关键主体，其有效合作对提高片区型城市更新综合效益、治理效能具有重要意义。但由于政府和企业在价值导向、利益诉求、工作组织方式、考评机制等方面存在显著的差异点，如何搭建顺畅有效、合作共赢的政企合作沟通协作平台，构建求同存异、协同互补的更新评价体系，直接影响到政企合作的广度、深度和水平。其中极为重要的是，双方需要建立科学统一、统筹兼顾、完备有效的评价指标体系，开展全周期评价，以此作为双方深度沟通协作的对话平台和有效决策判断的基础支撑。

2　必要性

2.1　片区型城市更新实现是存量时空资源优化整合的重要趋势

经过三十多年的快速发展，我国城镇化进程已经从高速扩张的粗放式增长阶段，进入以提质增效为主的内涵式发展阶段，面临重大转型。片区型城市更新构建了以整体效益、共同目标为导向的新型管理单元，破解了过去以单个项目为驱动、以短期经济利益盘活存量的更新模式带来的破碎化问题和局限性，在统筹协调整体利益与局部利益、政府作用与市场作用、刚性管控与动态弹性调校等方面体现出明显优势，有利于站在片区整体角度实现存量时空资源优化整合与高效利用，对促进区域整体效益最大化具有重要意义。从城市更新相关政策和指导意见来看，更新目标也从城中村、棚户区、老工业区等单一功能主题的“单项改造”转向城市双修、有机更新和系统治理的综合化趋势转变。

从城市更新评价体系来看，当前我国城市尺度的更新评价工作已经伴随城市体检开展了从中央到地方的多级、多维度探索实践和经验讨论，并且达成了“无体检不更新”——以城市体检作为识别城市更新重点地区的手段、以城市更新作为解决城市体检问题的抓手的行业共识；另一方面，单体项目尺度的评价模式和管理制度也基本建立，形成了以项目为主体、覆盖从前期评价到建设运营环节的成熟模式。但介于城市和项目之间的片区尺度城市更新评价工作，因涉及主体多元复杂、项目类型周期各不相同、规模尺度参差各异等难点，相关研究工作仍处于起步阶段，尚未形成系统成熟的实践经验和理论研究成果。

2.2　政企合作是打通片区型城市更新治理闭环的必要手段

基于公共视角的政府调控治理和基于市场思维的企业开发运营，是推动片区型城市更新的两只重要推手。先行地区的实践探索表明，城市更新长期效益与短期投入之间的矛盾需要选择合适的“政府—市场”治理模式[①]，引导政府从综合包揽的“总管”角色退居到“监管”为主，企业从“建设主导”拓展到兼顾“运营服务”功能转变。从更新实施过程中的动态决策机制来看，政府需要聚焦战略性和针对性，明确监管的边界与内容，将监管任务转化为考评指标，衔接内外部治理考评目标，进而打通“目标任务—绩效评价—任务调整—趋近目标”的良性工作循环[②]；企业则需要重点关注实施性和可操作性，将投入产出效益转化为动态评估指标，为企业及时管控经济和技术风险、调整优化实施运营路径、直观体现社会经济综合效益以向政府申请项目许可、政策倾斜和奖补支持，进而在复杂性、长周期的城市更新过程中持续保持动力。

政企合作模式有利于推动“政府调控”与“市场调节”在片区型城市更新中的相互补充和促进，一方面能缓解基层政府有限资源与无限责任间的行动困境[③]和城市更新“建管分离”的难题；另一方面借企业的市场化运作机制推进资源整合、提高公共服务水平，同时，通过与政府评价标准的衔接加

---

① 唐婧娴．城市更新治理模式政策利弊及原因分析——基于广州、深圳、佛山三地城市更新制度的比较［J］．规划师，2016，32（05）：47－53.

② 郑方辉，廖鹏洲．政府绩效管理：目标、定位与顶层设计［J］．中国行政管理，2013（05）：15－20.

③ 张绪娥，温锋华，唐正霞．由合作生产到价值共创的社区更新何以可行？——以北京“劲松模式”为例［J］．公共管理学报，2023，20（01）：144－156＋175－176.

强政府有效监管，激发企业作为“公共服务的协同提供者”的内在效能感，对成本、效益、满意度等更新综合效果起到有效的激励和约束作用①②。

2.3 评价指标体系是促进政企合作的对话平台和联系纽带

指标治理是具有中国特色的政治现象，地方政府通过订立治理目标并生成关键性指标以保障政策严格执行③，或通过将中长期、综合性的治理目标转为衔接实施机制的近期目标抓手④，为量化衡量地方政府治理能力水平提供有力支撑；企业则通过订立管理办法、绩效评价标准等方式，以关键项目为评价单元通过“肥瘦搭配”平衡项目风险和收益。政府和企业在内部考核机制和承担社会责任等方面存在的差异导致二者对城市更新指标的关注各有侧重：政府视角下城市更新领域的治理绩效主要通过城市体检、规划评估等指标体系中的部分指标有限体现，重点聚焦在基本民生改善、公共服务提升、产业转型升级方面，对实施运营主体的资金投入、风险管控等维度关注较少；而企业视角下的更新评价则重点聚焦在收益平衡和风险管控方面，对企业的社会效益、项目的片区带动作用少有涉及。总体而言，政府和企业在片区型城市更新工作中所涉及的关注领域既有差异性，也具有高度重叠性，政企合作水平取决于是否能寻求到片区型城市更新过程中各方利益诉求的“最大公约数”，在满足双方主体各自需求的基础上达成共同目标，其中评价指标体系是极为重要的“测度尺”和“晴雨表”。然而，当前基于政企合作视角的城市更新工作整合研究相对较少，且已有的政策、实践、导则等相关研究之间的评价维度和评价指标众多，政府、企业、科研机构等各主体呈现出“各说各话”状态，尚未形成统一标准，导致政府和企业之间虽有“共同话题”，但缺少“对话平台”的尴尬局面。

因此，以政企合作视角搭建科学统一、统筹兼顾、完备有效的片区型城市更新指标体系，是建立政府—企业双向沟通平台、明晰对话标准的基础，也是促进双方在求同存异共识上实现合作共赢的必要前提。

---

① 王孟钧．国有企业管理绩效评价指标体系及方法探讨［J］．湘潭大学社会科学学报，2001（04）：51－54.

② 章振东．治理结构视域下的上市企业绩效评价研究［J］．财会研究，2014（09）：76－78.

③ 陈琪．地方治理框架构建及地方治理能力的评价指标［J］．市场研究，2018（03）：17－19. DOI：10.13999/j.cnki.scyj.2018.03.008.

④ 赵冠宁，黄卫东，李晨，岳隽，陈志杰．从“刚性计划”到“韧性计划”：深圳城市更新计划管理的制度选择［J］．规划师，2022，38（09）：31－39.

3 面临的难点与挑战

3.1 主体协同方面：政府思维与企业思维“求同存异”

在政企合作模式下，片区型城市更新在决策、规划、建设、运营环节呈现出向具备较强综合实力、资源整合能力和全链条开发运营经验的大型企业倾斜的趋势，同时城市更新工作的推进也离不开政府的政策和资源支持，需要做好在落实城市发展战略和保障项目收益之间的平衡。从政企视角差异来看，政府主要起协调统筹作用，负责聚焦改善民生目标为主的总体战略与配套政策，侧重片区社会效益的提升而不过度苛求经济收益，具有较强的公益属性；而企业作为片区城市更新的建设运营主体，则以保障风险管理、成本回正、收益率等关乎企业生存经营的核心问题为首要目标，对片区的产业优化、就业带动等社会效益则是体现社会责任、社会声誉的附加目标，更侧重经营性和准公益性。

因此，以政企合作视角推进片区型城市更新评价既要面对政府作为城市发展和管理责任主体的“社会责任”，也要考虑企业实际建设运营全过程中的“经济效益”；既要有清晰、合规的政府调控，也要符合市场规律。如何既能保持评价体系框架的稳定性，又能体现政企侧重点的差异性并预留接口，是搭建指标体系框架面临的一大挑战。

3.2 时序统筹方面：整合更新流程形成工作闭环

城市更新的长期性和过程的复杂性决定其对城市发展的影响效果具有一定滞后性，需要建立系统的更新评价体系、对更新全周期过程定期评估反馈，才能确保实施不走样。从评估时间节点来看，政府主导的空间规划领域以“先建设后评估”为主要方式，先后经历了“规划实施评估”“城市体检评估”等发展历程，至今已进入相对稳定的“国土空间规划城市体检评估”与“城市体检”平行推进阶段①，对建设之前关于片区型城市更新要不要做、能

① 赵民，张栩晨．城市体检评估的发展历程与高效运作的若干探讨——基于公共政策过程视角［J］．城市规划，2022，46（08）：65－74.

不能做的决策支撑相对较少，在前期决策和后期建设运营之间缺乏有效的衔接反馈；而企业主导的城市更新虽然有相对成熟的前期可行性研究和覆盖全周期绩效评价标准，但评价对象主要局限在项目单体尺度，缺少对不同项目之间的统筹考虑，导致建设运营难以形成合力、对企业收益和片区带动作用有限。

因此，构建片区型城市更新评价体系既要补足空间规划领域“前评估”环节的评价维度、指标和标准，也要处理好片区内不同项目之间的时序统筹，形成片区尺度下符合城市更新全周期流程的具有“动态监测—反馈优化”纠错机制的工作闭环。

3.3　尺度协调方面：上承下达过渡中的“刚弹结合”

片区型城市更新作为向上承接落实城市尺度总体规划要求、向下指引单体项目落地实施的中间过渡环节，既要兼顾对城市战略性、系统性谋划的落实，又要对单体项目指导性、可操作性的统筹平衡，通过地区间、项目间“肥瘦搭配”的弹性方式最大限度实现城市发展和功能布局的综合性目标。同时，面对片区内不同项目类型、项目周期、项目阶段的协同推进，需要把握“时序统筹”弹性，尽可能保证更新目标的有序实现和经济的动态平衡。

因此，片区型城市更新评价体系既要基于城市体检指标体系中对城市更新的战略导向和综合测度向下细化，又要将片区内不同类型、不同周期的单体项目绩效评价向上提炼，实现评价体系在片区尺度的上下衔接和刚弹结合，以最大程度地体现片区实际情况，以宏观战略与微观行动激励相容、区域公平与效率统筹兼顾、刚性管控与弹性引导相结合的方式支撑更新决策优化。

4　片区型城市更新评价体系构建的核心逻辑

4.1　立足政企协同共赢，搭建兼容互补的评价框架

4.1.1　自上而下的政府视角：维护城市整体公共利益

政府的职责来自其法定权力和责任，代表公众利益行使权力，在城市更新中以维护社会稳定和公共利益、提高居民生活质量、促进社会公平和可持续发展为主要目标，主要承担规划引导、政策提供等支持性角色，对建设和

监管环节的参与相对较少，呈现“积极的有限干预”特征①。

从北京②、上海③、深圳④等地城市更新条例和国际城市更新先行地区⑤的政策指引来看，政府重点关注城市更新的指导原则、更新对象和更新路径，侧重现状问题发现、更新资源梳理、与城市政策及现行规划的匹配程度，及其对城市的正面影响和推广价值等；从自然资源部《国土空间规划城市体检评估规程》、住房城乡建设部《城市体检指标体系》和一系列高标准通用型国际导则指引的关注评价维度来看，政府对城市更新的评价重点聚焦在用地与人口的规模、结构，产业转型升级与产业结构调整，基础设施条件及环境品质，公共服务水平供需匹配情况，居民满意度等领域和维度的典型问题和改造潜力。

4.1.2 自下而上的企业视角：确保可持续市场化运营

企业则是以经济利益和商业发展作为核心目标，在城市更新中主要承担投资和执行角色，重点关注匹配市场需求、平衡投资开发收益与风险的综合战略性和基于项目库、资源库盘点的操作可行性，呈现“充分的市场化”特征。

基于对综合型企业管理制度与项目绩效考评标准、城市更新项目可行性研究报告，以及片区尺度综合型城市更新实践经验总结发现，企业视角的关注重点聚焦三大领域：一是资本逐利，既要论证潜力空间、更新目标、现状基础、资源支持等更新条件的充分性，也要充分评估总投资、收益率、回收期、资金到位率等经济可行性，以保证企业利益最大化；二是降低风险，通过上位政策、规划指引、产业导向等综合评估更新实施的合规性，以及技术、社会、环境、市场等风险可控性；三是基于问题和目标双导向，结合实施迫切性和未来运营所能创造的社会经济价值潜力，寻求政府政策资源支持，重点关注产业对周边地价带动，运营收益和片区引流、资本活跃度和资金周转情况等领域。

---

① 刘昕．深圳城市更新中的政府角色与作为——从利益共享走向责任共担［J］．国际城市规划，2011，26（01）：41－45.

② 北京市人民代表大会常务委员会．北京市城市更新条例．［Z］．2022－11－25.

③ 上海市人民代表大会常务委员会．上海市城市更新条例．［Z］．2021－8－25.

④ 深圳市人民代表大会常务委员会．深圳经济特区城市更新条例．［Z］．2021－3－1.

⑤ 张朝辉．日本都市再生的发展沿革、主体制度与实践模式研究［J］．国际城市规划，2022，37（04）：51－62.

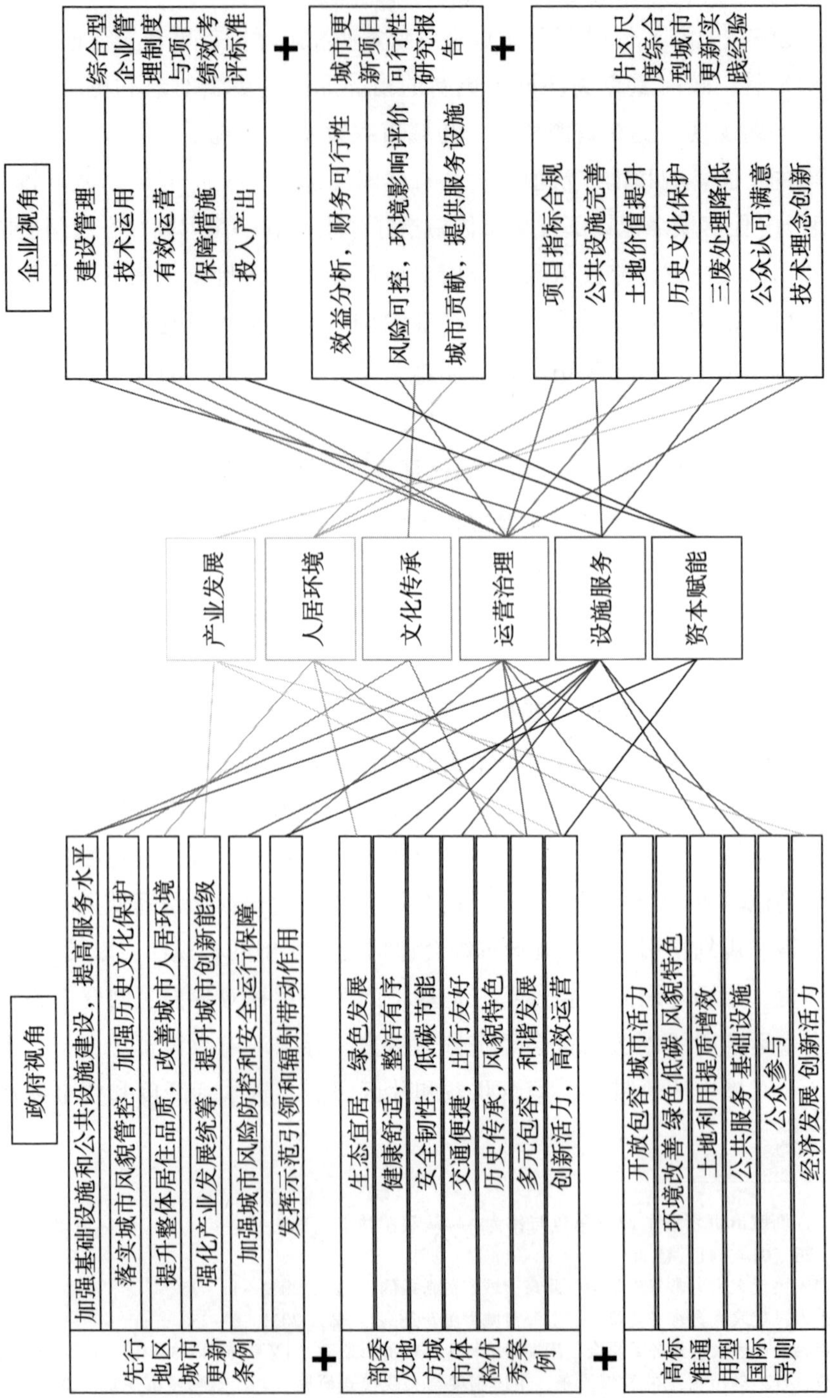

企业视角

综合型企业管理制度与项目绩效考评标准
建设管理
技术运用
有效运营
保障措施
投入产出

城市更新项目可行性研究报告
效益分析，财务可行性
风险可控，环境影响评价
城市贡献，提供服务设施

片区尺度综合型城市更新实践经验
项目指标合规
公共设施完善
土地价值提升
历史文化保护
三废处理降低
公众认可满意
技术理念创新

产业发展
人居环境
文化传承
运营治理
设施服务
资本赋能

政府视角

先行地区城市更新条例
加强基础设施和公共设施建设，提高服务水平
落实城市风貌管控，加强历史文化保护
提升整体居住品质，改善城市人居环境
强化产业发展统筹，提升城市创新能级
加强城市风险防控和安全运行保障
发挥示范引领和辐射带动作用

部委及地方城市体检优秀案例
生态宜居，绿色发展
健康舒适，整洁有序
安全韧性，低碳节能
交通便捷，出行友好
历史传承，风貌特色
多元包容，和谐发展
创新活力，高效运营

高标准通用型国际导则
开放包容 城市活力
环境改善 绿色低碳 风貌特色
土地利用提质增效
公共服务 基础设施
公众参与
经济发展 创新活力

图1 政企合作视角框架的生成逻辑推导

4.1.3 政企合作视角下的需求整合与指标耦合

城市更新发展历程实质上是更新主体关系持续博弈在螺旋上升过程中不断趋于平衡的过程，随着“土地财政”效率降低，政府和企业的关系有待进一步理顺，为健全市场化导向的城市更新制度和利益分配、改善城市面貌、提升社会效益提供支撑①。

政企合作视角下的评价体系框架旨在借助市场化改革的契机明晰政府—企业合作重点和分工边界，通过整合政府和企业在片区型城市更新工作过程中的异同点，既要纳入二者共同关注维度的共性指标，形成双向补充的激励—监督机制，也要体现二者不同关注侧重的差异化指标接口，以更好地衔接各自既有的内部考评（图2）。

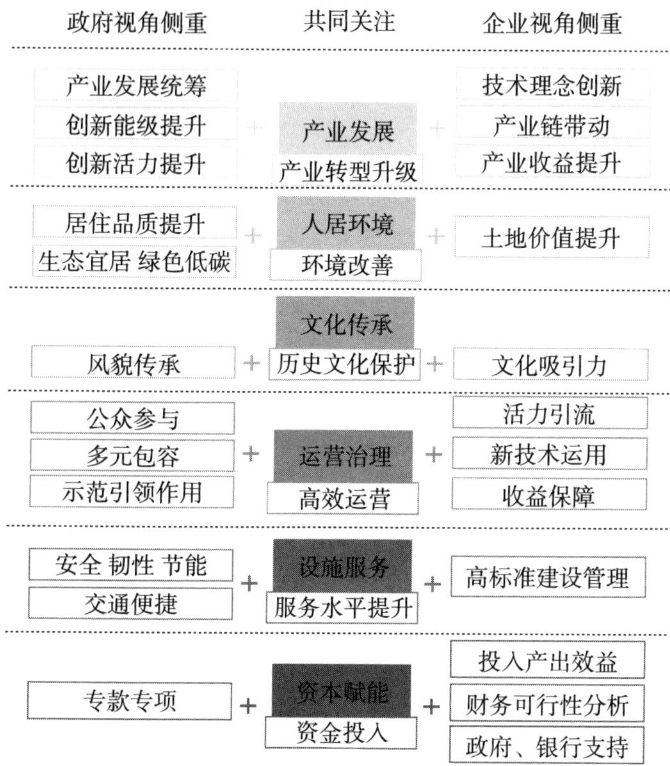

图2 基于政企合作框架下政府和企业关注侧重的异同点解析

---

① 杨槿，徐辰．城市更新市场化的突破与局限——基于交易成本的视角［J］．城市规划，2016，40（09）：32－38＋48.

该框架可以实现在不同主体视角、价值导向和多元更新路径下，确保片区型城市更新能够聚焦关键目标，在前期决策环节有科学、统一的分析支撑，在建设运营阶段成效可衡量、可评估。

4.2 基于全周期管理理念，形成分阶段的决策支撑

4.2.1 政企合作视角下的更新流程梳理

全周期视角下的片区城市更新涉及多层次、多类型、多环节的复杂矛盾叠加，需要基于“一盘棋”的原则提出系统化、动态性、整体性的综合解决方案，推进片区更新全流程整合，以提高更新治理的稳定性和韧性①。梳理片区更新中的不同环节及政企分工合作管理边界，是构建评价指标体系，支撑分级评估、分类管理、精准施策的重要基础。

基于城市更新先行地区的更新条例、实施办法等政策梳理总结发现，政府在城市更新中参与的主要流程包括立项招标、规划编制、验收审核三个阶段，重点关注更新实施的必要性、合规性、可行性、社会经济效益、潜在风险等前期决策因素，侧重于行动框架和方向建议。而企业在城市更新中的参与环节则主要包括前期立项拿地、编制实施方案、建设实施、项目运营四个阶段，既关注更新前期的可行性评估，也关注更新实施后的项目预期效益，基本覆盖了资源盘点 + 规划策划 + 施工建设 + 项目运营的一体化、全周期闭环。二者在更新流程上的对应关系如图 3。

4.2.2 面向全周期城市更新的评价环节

全生命周期管理理念贯穿城市规划、建设、管理全过程各环节。本文按照更新工作实质性开展与否，将全周期划分为广义的“事前”和“事后”两个基本环节。

事前环节以保障项目科学性、预估项目效益为目标，重点聚焦筛选评价更新片区“要不要做、能不能做”的问题，把握好政府行动框架的细化与企业资源项目盘点的有效衔接，通过盘点是否可行、谁来做、如何做等工作内容和责任主体，论证片区更新的必要性、可行性和合规性以支撑片区更新前期决策。

---

① 黄建．引领与承载：全周期管理视域下的城市治理现代化［J］．学术界，2020（09）：37 – 49.

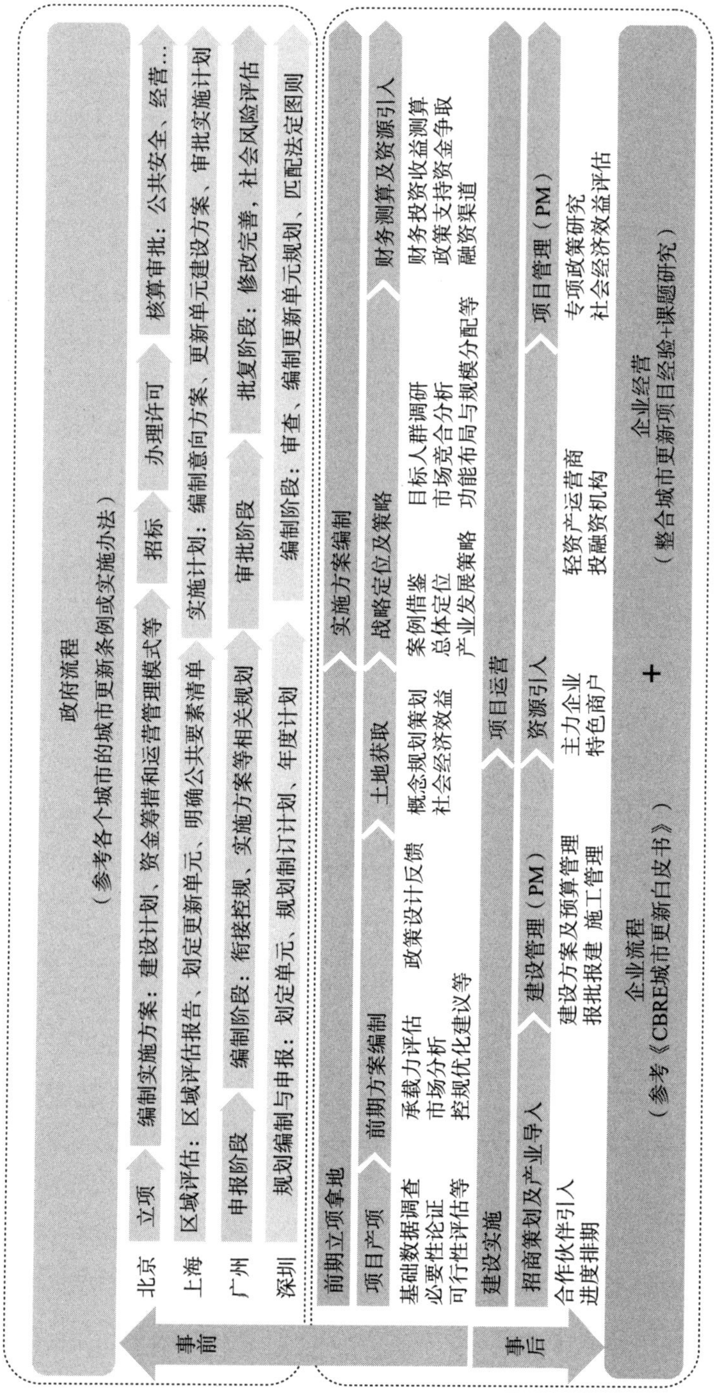

图3　政企合作视角下片区型城市更新流程梳理

事后环节指片区型城市更新启动开始的建设运营等阶段，以动态跟踪调整进度、问题和成效为目标，重点聚焦综合评价“做得好不好、做得值不值”的问题，基于指标框架通过对项目、对资源、对分工分别明确政府和企业的工作边界和实施成效，以更加直观地为政企合作调整下一步更新行动提供支撑。

4.2.3 基于政企合作的全周期评价矩阵

将政企合作评价框架与全周期评价环节叠加，梳理其核心环节和关注重点，形成以片区更新时序为基础、衔接政企合作关注重点的全周期流程矩阵（图4）和全周期评价矩阵（图5）。

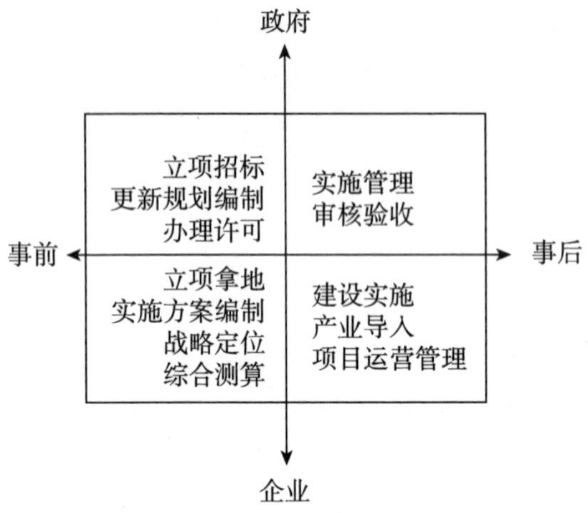

图4 基于政企合作的全周期流程矩阵

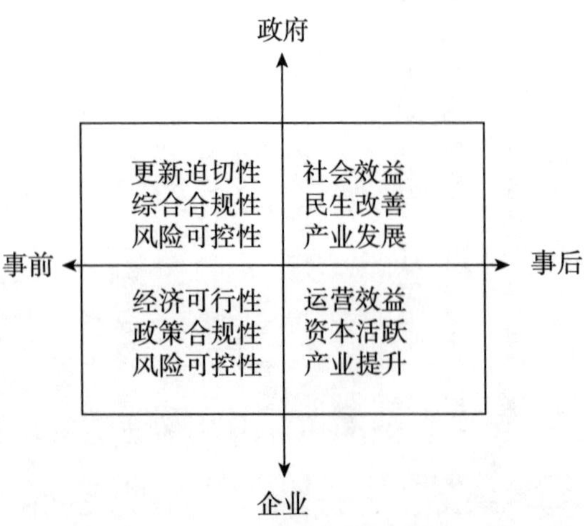

图5 基于政企合作的全周期评价矩阵

以此为基础，可实现横向上综合衔接政府和企业职能的条块分工，纵向上细化分解片区更新中长期目标到年度计划与实施方案，以确保片区型城市更新年度进展与土地供应、资金支持、设施保障、产业发展、运营收益等年度目标相匹配、可考核。

4.3 聚焦片区型更新特征，兼顾指标框架稳定性和应用弹性

4.3.1 指标体系兼顾普适性和地方性

不同城市、不同地区的更新地区既有在空间效率、环境改善、民生服务提升等方面的共性，也有基于城市特色、地区特色的差异化更新诉求和目标，这些特色也需要被视为完善城市更新评价体系的关键组成。因此评价体系的构建以兼顾“基本指标+特色指标”的方式，形成以普适性基本指标为框架，以在地化、定制性的特色指标为补充的片区城市更新评价指标体系，以期提高评价体系的总体稳定性和因地制宜的应用弹性。

4.3.2 评价标准兼顾确定性与动态性

片区型城市更新因其系统演替的渐进性特点，不同维度、不同阶段的指标无法简单用“快”与“慢”作为分类评估指标进展“好”与“坏”的标准，如片区活力、运营收入等软性指标进度相对先期建设使用的基础设施建设具有明显滞后性。

评价标准也需考虑所在地区的发展阶段、发展特点及更新进度分时序、差异化设置，以基本指标作为刚性要求保障底线，以提升指标作为匹配发展动态的弹性调整。

5 评价指标体系构建方案及应用场景

5.1 评价指标体系的构建方案

本研究基于片区更新全周期流程的环节梳理，回应政府、企业视角在关注维度和侧重点方面的异同点分析，构建聚焦事前—事后关注重点、兼顾普适性+地方性的评价指标体系。

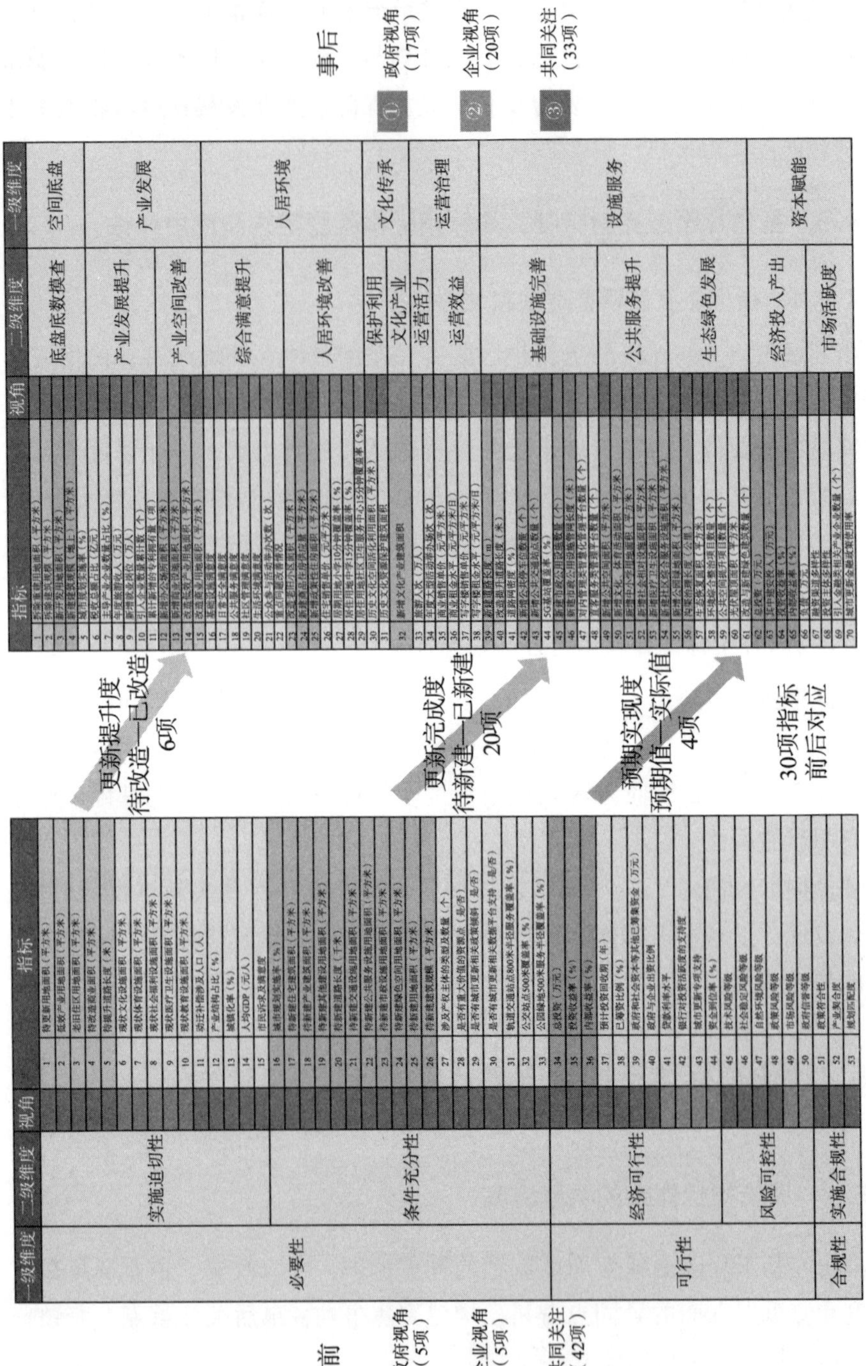

事前

① 政府视角（5项）

② 企业视角（5项）

③ 共同关注（42项）

一级维度	二级维度	视角	序号	指标
必要性	实施迫切性		1	待更新用地面积（平方米）
			2	低效产业用地面积（平方米）
			3	老旧住区用地面积（平方米）
			4	待改造商业面积（平方米）
			5	待提升道路长度（米）
			6	现状文化设施面积（平方米）
			7	现状体育设施面积（平方米）
			8	现状社会福利设施面积（平方米）
			9	现状医疗卫生设施面积（平方米）
			10	现状教育设施面积（平方米）
			11	动迁补偿涉及人口（人）
			12	产业结构占比（%）
			13	城镇化率（%）
			14	人均GDP（元/人）
			15	市民诉求及满意度
	条件充分性		16	城市规划实施率（%）
			17	待新建住宅建筑面积（平方米）
			18	待新建产业建筑面积（平方米）
			19	待新建其他建设用地面积（平方米）
			20	待新建道路长度（千米）
			21	待新建交通设施用地面积（平方米）
			22	待新建公共服务设施用地面积（平方米）
			23	待新建市政设施用地面积（平方米）
			24	待新建绿色空间用地面积（平方米）
			25	待新建用地面积（平方米）
			26	待新建建筑规模（平方米）
			27	涉及产权主体的类型及数量（个）
			28	是否有重大价值的资源点（是/否）
			29	是否有城市更新相关政策倾斜（是/否）
			30	是否有城市更新相关数据平台支持（是/否）
			31	轨道交通站点800米半径服务覆盖率（%）
			32	公交站点500米覆盖率（%）
			33	公园绿地500米服务半径覆盖率（%）
可行性	经济可行性		34	总投资（万元）
			35	投资收益率（%）
			36	内部收益率（%）
			37	预计投资回收期（年）
			38	已筹资比例（%）
			39	政府和社会资本等其他已筹集资金（万元）
			40	政府与企业出资比例
			41	贷款利率水平
			42	银行对投资活跃度的支持度
			43	城市更新专项支持
			44	资金到位率（%）
	风险可控性		45	技术风险等级
			46	社会稳定风险等级
			47	自然环境风险等级
			48	政策风险等级
			49	市场风险等级
			50	政府信誉等级
合规性	实施合规性		51	政策符合性
			52	产业契合度
			53	规划匹配度

更新提升度
待改造—已改造
6项

更新完成度
待新建—已新建
20项

预期实现度
预期值—实际值
4项

30项指标
前后对应

序号	指标	视角	二级维度	一级维度
1	拆除重建用地面积（平方米）		底盘底数摸查	空间底盘
2	拆除建筑规模（平方米）			
3	新开发用地面积（平方米）			
4	新建建筑规模（地上）（平方米）			
5	城市规划实施率（%）			
6	税收总额占比（亿元）		产业发展提升	产业发展
7	主导产业企业数量占比（%）			
8	年度旅游收入（万元）			
9	新增就业岗位（万人）			
10	引入企业数量累计数（个）			
11	累计新增的专利拥有量（项）			
12	新增办公场所面积（平方米）		产业空间改善	
13	新增商业设施面积（平方米）			
14	改造低效产业用地面积（平方米）			
15	改造商业用地面积（平方米）			
16	基础设施满意度		综合满意提升	人居环境
17	日常安全满意度			
18	公共服务满意度			
19	社区管理满意度			
20	生活环境满意度			
21	公众参与活动举办次数（次）			
22	重点问题改善情况			
23	改造老旧小区面积（平方米）		人居环境改善	
24	新建商品住房供应量（平方米）			
25	新增政策性住房面积（平方米）			
26	住宅销售单价（元/平方米）			
27	居期用地小学10分钟覆盖率（%）			
28	居住用地中学15分钟覆盖率（%）			
29	居住用地社区卫生服务中心15分钟覆盖率（%）			
30	历史文化空间活化利用面积（平方米）		保护利用	文化传承
31	历史文化资源保护建筑面积			
32	新增文化产业建筑面积		文化产业	
33	旅游人次（万人）		运营活力	运营治理
34	年度大型活动举办场次（次）			
35	商业销售单价（元/平方米）		运营效益	
36	商业租金水平（元/平方米/日）			
37	写字楼销售单价（元/平方米）			
38	写字楼租金水平（元/平方米/日）			
39	新建道路长度（m）		基础设施完善	设施服务
40	改造提升道路长度（米）			
41	道路网密度（%）			
42	新增公共停车位数量（个）			
43	新增公共交通站点数量（个）			
44	5G基站覆盖率（%）			
45	新建市政公用设施数量（个）			
46	新建市政公用设施管网长度（米）			
47	对内管理类智慧化管理平台数量（个）			
48	直客服务类管理平台数量（个）			
49	新增公共空间面积（平方米）		公共服务提升	
50	新增文化、体育活动面积（平方米）			
51	新增中小学用地面积（平方米）			
52	新增社会福利设施面积（平方米）			
53	新增医疗卫生设施面积（平方米）			
54	新建社区综合服务设施面积（平方米）			
55	新增公园绿地面积（平方米）		生态绿色发展	
56	沟渠治理长度（公里）			
57	生态恢复面积（平方米）			
58	环境综合整治项目数量（个）			
59	公共空间提升项目数量（个）			
60	光伏屋顶面积（平方米）			
61	改造与新建绿色建筑数量（个）			
62	总投资（万元）		经济投入产出	资本赋能
63	其中建安投入（万元）			
64	投资收益率（%）			
65	内部收益率（%）			
66	负债（万元）			
67	融资渠道多样性		市场活跃度	
68	投资主体多样性			
69	引入金融类相关产业企业数量（个）			
70	城市更新金融政策使用率			

事后

① 政府视角（17项）

② 企业视角（20项）

③ 共同关注（33项）

图6　政企合作视角下片区型城市更新评价指标体系（普适指标）

事前侧重更新决策，既整合了政府空间治理领域关于更新资源迫切性与既有规划体系的有效衔接，也便利了政府关于片区更新合规性和风险管理的相关审查，同时纳入企业前期决策中关于更新资源条件和经济投入产出测算相关因素，形成3+5两级评价维度53项指标。其中，实施迫切性维度关注空间问题的严重性和民生诉求的迫切性，前者通过分类低效用地面积和现状基本公共服务设施规模盘点，重点评估空间集约高效和布局均衡程度；后者通过社会经济发展水平和利益相关人口分析，重点评估与人民对美好生活向往的差距，其中政府重点关注基本公共服务设施的供需匹配。条件充分性维度通过各类待更新空间的详细调查及实施成效评估，对存量空间潜力做出判断，同时结合产权情况、特色资源、交通条件、政策支持等综合资源支持程度，支撑更新路径的精准聚焦、分类施策。经济可行性维度关注在企业常用评价指标和社会资本支持的基础上，重点补充政府—企业分工的细化考评，包括政府与企业出资比例、城市更新专项资金支持等，其中企业重点关注政府及银行支持、资金到位情况。风险可控性维度关注技术、社会、自然环境风险等级判断，其中企业会更加关注市场风险和政府信誉。实施合规性维度重点关注与现行政策、现行规划的管控要求、产业发展指引方向等的匹配程度。

事后侧重效果评估，以空间底盘底数为基础，整合政企合作视角框架六大板块，形成7+14两级评价维度70项指标。其中，空间底盘侧重以“算大账”的方式摸底留—改—拆规模；产业发展维度聚焦转型升级的根本目标，同时纳入政府视角对产业统筹及创新能级、创新活力提升的关注和企业对产业链和产业收益的关注，因此细分为产业发展提升和产业空间改善两个二级维度；人居环境维度在环境改善政企共识的基础上，重点落实政府对居住品质提升的要求，并增加满意度作为成效考评；文化传承维度以政企共同关注的历史文化保护为主，企业视角更关注文化要素对人群的吸引力；运营治理维度在“高效运营”理念指导下，政府更强调公众参与和示范引领作用，而企业更关注新技术应用、活力引流作用及运营效益；设施服务维度在政企共同关注的服务水平提升之外，增加了政府对安全韧性的要求和企业对高标准建设管理的追求；资本赋能维度以企业视角对投入产出效益、财务可行分析为主，增加政府、企业、社会资本支持类指标，因此细分为经济投入产出和市场活跃度。

此外，结合常见产业片区、老旧住区、公共空间、历史文化片区的四类更新对象，分别增加衔接二级维度的特色备选指标：

①政府视角（5项）
②企业视角（7项）
③共同关注（41项）

片区主导功能和特色	序号	指标	视角	二级指标	一级指标
针对业态老旧、腾笼换鸟的产业片区	1	新增小微企业数量（个）		产业优化升级	产业发展
	2	新增高新技术企业数量（个）			
	3	实施专业化物业管理的住宅小区占比（%）		人居环境改善	人居环境
针对常年失管、老龄化严重的老旧住区	4	老旧住宅加装电梯数（部）			
	5	新建社区老年服务站（个）			
	6	新增儿童友好空间（处）			
针对品质不高、活力不足的城市空间	7	新增滨水开放岸线长度（m）			
	8	改造与新增夜市面积（平方米）			
	9	城市历史资源保护修缮率（%）		保护利用	文化传承
针对保护不力、缺乏展示的文化片区	10	新增历史建筑面积开放利用（平方米）			
	11	传统文化传承（项）			
	12	文化产业孵化（项）		文化产业	

图7　政企合作视角下片区型城市更新评价指标体系（特色备选指标）

5.2　指标体系的精细化测评设计

5.2.1　政企AB卷设置，精准有效支撑决策

结合政企关注差异设置AB卷，旨在为面向不同目标时，灵活调整评价内容以提高针对性和准确性。指标体系基于政企视角的异同点分析整合，具有明确的评价指向，即，①政府视角重点关注指标；②企业视角重点关注指标；③双方共同关注的指标。其中，①+③构成面向政府为主的A卷，由政府内部考评和企业与政府沟通过程中重点关注；②+③构成面向企业的B卷，由企业内部考评及政府对企业进行绩效监督时重点关注。

5.2.2　指标前后对应，直观体现更新成效

指标体系构建立足全周期理念，尽可能保持评价指标在事前—事后环节的延续性，直观体现片区更新前后的成效和反馈。结合事前、事后关注重点和核心问题的异同，共形成三类具有前后对应关系的指标：一是更新完成度指标，指基于现状资源类型梳理识别从待更新资源到已新建资源的变化，反映存量资源量和改造提升量的比对，主要支撑基于功能分类的更新对比；二是更新提升度指标，指结合供需匹配识别的待改造资源，通过片区更新完成改造的变化，主要支撑覆盖率、功能空间增加等公共服务、公共场所提升情

况；三是预期实现度指标，指片区更新事前预估粗算与事后实际评估数据的对比，主要应用于经济投入产出的评估判断。

5.2.3 实用导向，明确指标应用分类

一是客观盘点现状特征，既包括用地结构、产业结构、设施覆盖率等反映现状城市建设水平的静态特征，也包括变化速度等反映城市更新成果的动态趋势。二是精准识别现状问题，兼顾反映土地、人口等基本情况的综合指标和针对产业、居住、公共环境等具体方面的专题指标。三是关键数据底线测评，将直接决定是否更新的指标以及有重大参考价值的指标作为核心指标进行重点测评。

5.3 应用场景

5.3.1 搭建政企合作的对话平台

该指标体系以尽可能定量、直观的方式搭建了政府和企业两大城市更新主体间沟通对话的平台以提高政企合作的沟通效率和质量，为双方建立双向激励—约束机制的建立提供了有力支撑。

对政府而言，借助评价体系的分类定量评价，有助于直观量化企业在片区更新过程中的工作进程和阶段成效，便于督促企业以评价体系为依据对标目标和自身实力提出整改措施，在减轻政府监管负担的同时有效提高监管效率和质量；另一方面，以更新评价指标衔接规划指标有利于城市更新核心管控内容与既有规划体系的衔接，提高规划管理和城市治理效率。

对企业而言，指标完整性为企业以经济效益为主的考评机制提供了社会效益维度的有益补充，借助政府思维量化自身的经济资源投入和社会效益带动，可作为企业向政府争取政策倾斜和奖补支持提供谈判依据，并进一步激发企业的社会责任感。

5.3.2 支撑全周期动态监测优化

该评价体系以片区型城市更新典型流程梳理为基础，以广义“事前”和“事后”两大环节为抓手，形成“决策支撑—动态监测—优化调整”的全周期动态监测优化工作闭环。该工作闭环重点实现了两个维度的衔接：一是在政企合作的整体维度下，以事前决策支撑事后实施和以事后实施校核下一步事前决策之间的有效衔接；二是在政府和企业分工合作维度下，分别预留了政

企合作工作内容（政府部分）与政府其他工作、政企合作工作内容（企业部分）与企业其他业务之间的接口，为更广泛领域推进从政企分工到政企合作奠定基础。

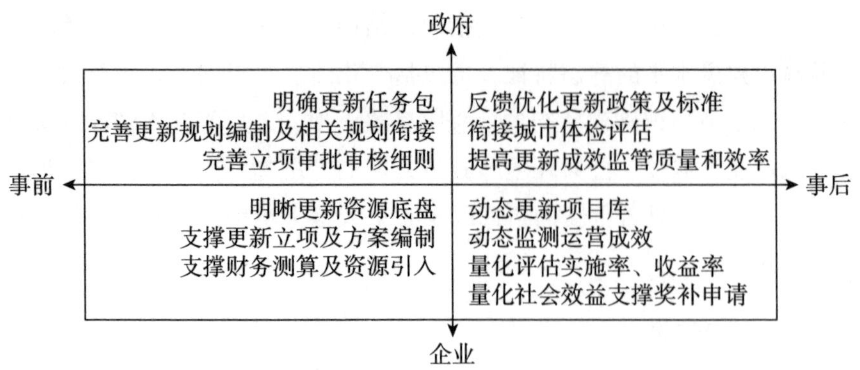

图 8　全周期动态监测优化的重点应用矩阵

5.3.3　衔接片区型更新实施路径

该指标体系从实施方式、更新目标、更新成效三方面优化衔接片区型城市更新实施路径。实施方式方面，按照从基于城市战略的行动框架到基于综合盘点的事前资源库、事后项目库的逐层细化的推演逻辑，明确了资源引入、项目运营、实施成效等维度的政府—企业分工，加强了政府协调管控与企业建设运营的衔接纽带。更新目标方面，按照片区现状条件和未来愿景，分别设置基础型和提升型两类动态评价标准为“底线保障”和“高线目标”提供指引，为应对长周期、复杂性的片区型城市更新路径保障框架稳定性和对标弹性。更新成效方面，结合评价指标体系的量化分析结果以及动态跟进过程中的监测评估，为政策补充、评价标准的调整优化提供有效支撑。

6　总结与展望

片区型城市更新是提高城市更新时空资源整合效率的重要趋势，政府和企业两大主体在此过程中扮演着关键角色。如何构建科学、统一的评价指标体系，是搭建政府—企业沟通合作的有效平台、打通城市更新全周期治理闭环、支撑片区更新实施路径的关键命题。

本研究通过梳理片区型城市更新在主体协同、时序统筹、尺度协调方面的难点与挑战，明确了搭建政企合作视角下片区型城市更新评价体系的构建逻辑：一是基于自上而下政府视角和自下而上企业视角对片区城市更新工作的侧重，求同存异搭建政企合作视角下的初步框架；二是引入全周期理念，基于城市更新关键流程梳理明确重点评价二级维度；三是聚焦片区更新尺度上承下达的过渡特征，从指标体系和评价标准两方面做好框架稳定性和应用灵活性的“刚弹结合”。该评价指标体系具有精准、直观、实用三大精细化测评设计，在促进政企协作、支撑全周期通带监测、衔接片区更新实施领域具有较强的应用价值。

由于当前片区型城市更新仍在建设运营探索过程中，部分评价指标及数据尚未经过实践试算，因此本文对案例应用及未来对标目标设置方面的阐述仍较为粗浅，有待在未来研究中继续跟进和完善。

面向海岛更新的小微零售设施配置与应急物流体系评价

——以舟山嵊泗列岛为例①

张颖异　秦梦楠　张焕

摘要：海岛地区因其特殊的地理条件，往往缺乏高效的生活物资配送终端体系，造成海岛城乡人居环境韧性降低。以便利店为代表的小微零售设施是完善海岛生活物资配送终端体系的关键因素，保障灾害应急状态下海岛居民生活必需品的供应能力。本文以舟山嵊泗列岛为例，探究以便利店为代表的小微零售设施的物资配给能力和应急水平，分析海岛应急生活物资供给的需求、偏好与满意度。构建海岛应急物流体系评价路径，评估小微零售设施置入的海岛应急物流体系效能。提出面向海岛更新的应急物流体系优化策略，提升海岛人居环境更新质量，推进人民海岛建设。

关键词：海岛更新；小微零售设施；应急物流体系；舟山嵊泗列岛

1　引言

当前，我国城乡居民日常生活消费内容和结构均发生重要转变。随着网络消费时代的来临，以便利店为代表的小微零售设施成为实体零售业细分业

---

① 基金项目：北京市教委科技计划一般项目（KM202110016017）、北京建筑大学双塔计划项目。作者简介：张颖异，博士，北京建筑大学建筑与城市规划学院副教授，研究方向：城乡规划与设计、海岛更新治理；秦梦楠，北京建筑大学建筑与城市规划学院硕士研究生，研究方向：城乡规划与设计。张焕，博士后，浙江大学建筑工程学院副教授，研究方向：滨海人居环境治理、旅游规划策划。

态中的重要组成部分①。根据中国连锁经营协会发布的《中国便利店发展报告》显示，2020年以来，在新冠疫情冲击下，我国社会消费品零售总额增速为负数，而便利店业态增速却依然达到8%，明显高于百货、大卖场等其他实体零售业态②。2019年，商务部等13部门在《关于推动品牌连锁便利店加快发展的指导意见》中强调，要更好地发挥便利店服务民生和促进消费的重要作用③。以便利店为代表的小微零售设施不仅符合城乡居民消费内容和结构的调整，更能灵活、便捷、高效地满足居民日常消费需求，已成为构建“一刻钟”便民生活圈不可或缺的内容。

与内陆相比，海岛地区对于小微零售设施的需求和依赖程度更高。由于地理条件、交通资源、人口数量等因素限制，大型连锁超市无法大范围进驻海岛，小微零售设施在保障民生方面发挥重要作用④。在一些偏僻岛屿，便利店几乎是全岛物资配送与供给的唯一来源，关系到居民日常生活便利程度，更关系到应急条件下的海岛基本物资保障。因此，亟须合理导控海岛地区小微零售设施配置，建立兼具日常功能和应急作用的海岛应急物流体系，规避海啸、地震等自然灾害和突发疫情等公共卫生事件带来的风险，推进海岛地区有机更新、韧性更新。

海岛应急物流即指在海岛非常时期，为了有效减少人财物损失，采取从人群需求获取、到订单处理和分拣配送等活动的全过程⑤。海岛非常时期涵盖自然灾害、突发公共卫生事件和旅游旺季等带来的人流量异常时期。人流量异常易引发生活物资需求激增、对外交通受阻、人群心理紧张等问题⑥，需要应急物流体系发挥作用。以小型零售设施为主要构成要素的应急物流体系研究，利于整合海岛地区资源，科学判断海岛应急物资配给能力和应急水平，在提升海岛应急物流体系服务效能方面具有重要意义。

---

① 余祖鹏，刘银双．城市便利店与居民食品消费耦合协调关系实证研究［J］．当代经济，2023，40（08）：104－112.

② 中国连锁经营协会，2021中国便利店发展报告，2022.

③ 商务部，关于推动品牌连锁便利店加快发展的指导意见，商流通函〔2019〕696号，2019.

④ 姜露露．海岛产业结构演替影响人居环境关键要素的机制研究［D］．宁波大学，2021.

⑤ 陆玲玲，胡志华．海岛无人机配送中继站选址—路径优化［J］．大连理工大学学报，2022，62（03）：299－308.

⑥ 毛翰宣，秦诗立，徐博文，等．浙江舟山群岛新区主要海岛功能布局研究［J］．海洋开发与管理，2021，38（12）：46－51.

2　小微零售设施应急能力现状

2.1　对象选取

选取舟山市嵊泗列岛的田岙村和黄沙村为研究对象。嵊泗列岛位于杭州湾以东，长江口东南，地处舟山渔场中心，具有丰富的渔业资源，属海岛型城乡区域。列岛内田岙村和黄沙村相连，是有人居住的典型连片岛屿。两村总面积约2.8平方公里，村民869户，共计2147人①。整体建设程度在嵊泗列岛中相对较高，是国内“渔家乐”特色旅游项目的最早兴起地之一。目前已有应急物资配发制度和相应的组织架构，但应急物资获取方式较为零散。既有居民向超市、市场等地自行采购方式，也有通过救灾物资储备库、市级应急物资储备分发设施、避难所应急物资储备设施等的应急物资统一发放方式。田岙村—黄沙村连片区具备海岛应急物流体系优化基础。

2.2　小微零售设施分布

田岙村—黄沙村连片区共有小微零售设施14处，均为非连锁便利店形式，服务能力约为每1家便利店需覆盖80余户日常购物需求。其中田岙村有便利店10处，主要位于田岙沙滩和渔民画广场及其周边。售卖货品同质化，多为零食、饮料、香烟等。便利店整体分布较为均匀，服务半径基本覆盖村域范围，且有向周边村落辐射能力。黄沙村现有便利店4处，均沿公路开设。村东北侧距离便利店服务范围较远，日常购物不便。最大的商店来客超市，是田岙村—黄沙村连片区内唯一具备应急物资储备能力的小微零售设施。

田岙村—黄沙村连片区的便利店面积中位数约为10平方米，均由当地村民经营，营业模式和营业时间灵活，选址高度依赖道路与广场（图1）。

---

① 嵊泗县人民政府，嵊泗县第七次人口普查和户籍人口数据，https：//www.shengsi.gov.cn/col/col1363206/index.html，2020.

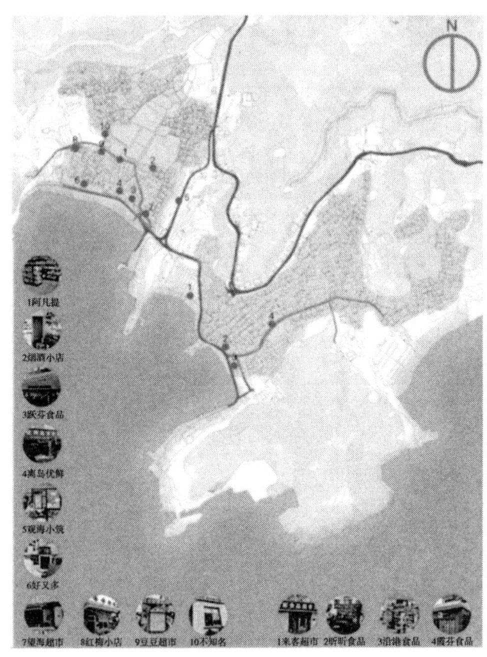

图 1　田岙村—黄沙村连片区小型零售设施分布

2.3　应急物资配给情况

为应对严重自然灾害、事故灾难、公共卫生事件和社会安全事件等突发公共事件，应急物资涵盖应急全过程中所必需的物资保障①。海岛便利店可提供的应急物资一般包括饮食类如瓶装水、罐头、压缩食品、真空包装食品等；生活小件类如口罩、手电等；住宿类如棉被等。

田岙村—黄沙村连片区内的便利店应急物资储备情况不佳。如表 1 所示，除少数具备仓库、补货区外，多数仅能提供日常临时所需货品，缺乏应急条件下的物资配给能力，亟须通过统一规划、集中导控方式实现资源整合，形成平急结合的物资配给网络。

---

① 邵建芳，樊彧，王熹徽，等．应急物资分配数量差异与人口统计学因素对灾民公平感知的影响——一项实证研究［J/OL］．中国管理科学：1－13［2023－08－04］．

表 1　各便利店应急物资配备情况

名称	规模/平方米	储存能力	可提供物资	收发能力
烟酒小店	3	无	饮食	弱
无名小店	20	—	—	—
豆豆超市	10	—	—	—
红梅小店	10	无	饮食	—
霞芬食品店	6	无	饮食	弱
好又多超市	8	无	饮食	弱
观海小筑	8	无	饮食	弱
跃芬食品店	25	无	饮食、生活小件	弱
望海超市	30	补货区	饮食、生活小件	中
沿港食品店	25	补货区	饮食、生活小件	中
昕昕食品店	25	补货区	饮食、生活小件	中
来客超市	50	仓库	饮食、生活小件	强
离岛优鲜	35	补货区	饮食、生活小件	中
阿凡提超市	25	仓库	饮食、生活小件	中

田岙村—黄沙村连片区内的便利店多数不提供物资配送服务，需要村民或游客上门自行购买，采用传统的实体店内先选货后付款方式。有店主表示，对于某些合理诉求也会提供配送服务，多由店主或其家人完成。能够完成配送的便利店有 7 家，存在配送效率不高问题。如来客超市，其订单配送时间平均为 25 分钟，缺货率约为 8%；离岛优鲜配送时间平均为 55 分钟，缺货率为 12%。整体处理订单能力较低，配送时间较长。

2.4　应急物资配给基础及挑战

嵊泗列岛现有的应急物资配给和发放以政府统一调配为主导。按照 2021 年印发的《嵊泗县人民政府办公室关于印发嵊泗县自然灾害救助应急预案的通知》，嵊泗列岛内已明确四项物资保障原则，即合理规划资源整合原则，建立全县救灾物资储备体系；制定救灾物资储备规划原则，合理确定储备品种，每年根据重大自然灾害要求购置储备救灾物资；实物储备和能力储备相结合原则，建立救灾物资供应名录，必要时签订协议；救灾物资应急保障和补偿原则，完善紧急调拨和运输制度，按照规定调用灾区临近乡镇救灾储备物资。在实际使用中，该四项原则在宏观层面上发挥作用，利于宏观应急物资调配和整体效益最大化。但在微观层面，居民在应急需求增加情况下，更倾向于在熟悉区域完成救灾物资获取，便利店成为居民的优先选择。例如，嵊泗救灾储备点规划在菜园镇，距离田岙村—黄沙村连片区远且交通不便，低可达性导致规划方案的低使用性。因此，需要将人们熟悉的便利店作为宏观应急调控的补充内容，纳入海岛应急物流体系构建。

3 海岛应急物流体系评价

3.1 评价因子选取

基于上述分析，应急设施实际配置情况和海岛居民主观感受均关系到海岛应急物流体系能否高效使用，有必要将客观物质和主观感知共同作为海岛应急物流体系的评价内容。对海岛应急物流体系评价因子的提取围绕客观物质层面和主观感知层面展开。

客观物质层面，根据彭荣华、张建新、王建波①等的研究，将评价因子划分为设施数量与规模、设施布局与配置、设施可达性三项。评判对象为基地周边及内部应急物流设施及便利店的数量、规模、布局、配置及 GIS 成本距离可达性。此外，根据《GBT 应急物流仓储设施设备配置》和《WB/T 1072—2018 应急物流仓储设施设备配置规范》，客观物质层面评价因子应包括商业物流订单系统和商业物流储备系统。订单系统评价包括订单处理能力、处理速度和订单缺货率，储备系统评价包括库存能力、收发货能力和库存物品种类。

主观感知层面，根据 2023 年 5 月至 7 月的 15 份村民访谈、85 份有效回收问卷和 2 场村干部座谈统计，主观评价因子包括熟悉程度、心理安全预期、指挥系统满意度、物质空间满意度和便利店信任度。熟悉程度为对居住地应急物流体系和设施的熟悉程度；心理安全预期为对应急物流设施保障能力的主观感受；指挥系统满意度为突发事件来临时对基层政府指挥能力的满意程度；物质空间满意度为对应急物流设施建成空间环境的满意度；便利店信任

---

① 彭荣华，张建新，王建波．应急设施服务能力指标评估体系研究［J］．物流科技，2012，35（05）：40－44.

度为对海岛便利店应急保障能力的满意度。评价体系构建路线如图 2 所示。

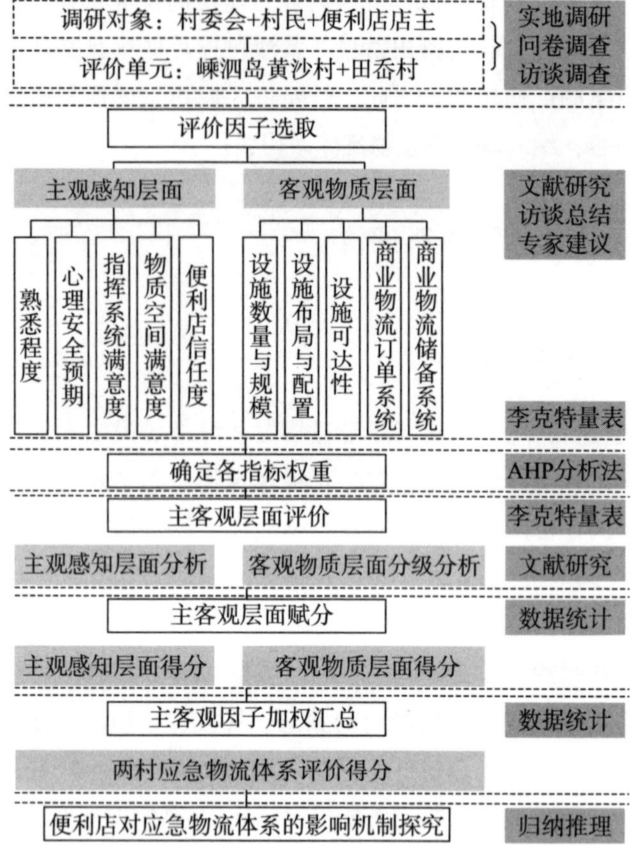

图 2　海岛应急物流评价体系构建路线

3.2　因子权重确定

利用 AHP 层次分析法确定各项评价因子权重。AHP 层次分析法是指将与决策相关的元素分解成标准层、方案层等层次，基于网络系统理论和多目标综合评价方法，形成的层次权重决策分析方法①。该方法利于理性获取主客观因子集合中各项因子的权重排序，为后续海岛应急物流体系评价提供基础。

如图 3 所示，海岛应急物流体系评价中，主观感知层的权重略高于客观

① 吴丝瑀，杨越，顾伟. 基于 AHP－ABC 分类法的应急物资库存管理模式研究［J］. 中国医疗器械杂志，2023，47（02）：225－228.

物质层，仅关注应急物流设施的客观建设无法充分满足人们对应急物流效用的需求与期待。在客观物质层中，设施数量与规模权重最大（0.123），设施布局与配置其次（0.117），商业物流储备系统权重最低（0.015）。在主观感知层中，人们更关注指挥系统满意度（0.204），其次是便利店信任度（0.118）和物质空间满意度（0.099），熟悉程度因子的权重最低（0.049）。所有评价因子中，海岛应急物流体系的指挥系统满意度权重最高（0.204），人们更关注应急状态下有序的协调指挥和居民及时知情能力，支撑应急物流体系发挥最大效用。

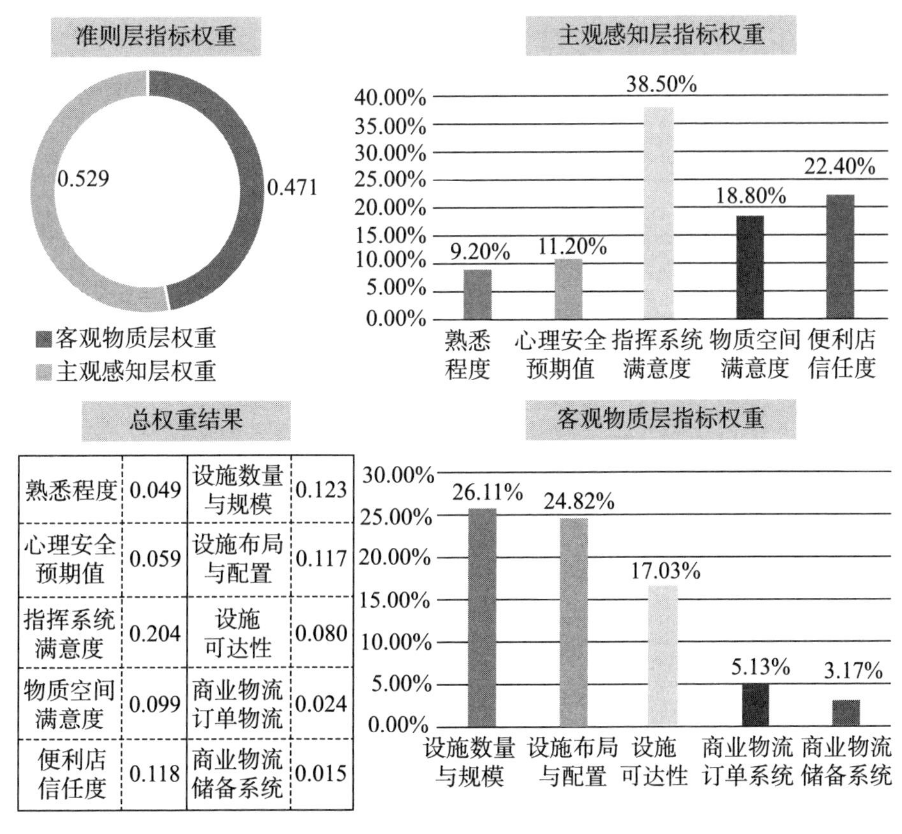

熟悉程度	0.049	设施数量与规模	0.123
心理安全预期值	0.059	设施布局与配置	0.117
指挥系统满意度	0.204	设施可达性	0.080
物质空间满意度	0.099	商业物流订单物流	0.024
便利店信任度	0.118	商业物流储备系统	0.015

图3　因子权重分析

3.3　客观物质层面评价

依据评价因子和现实情况，确定各项评价因子包含两个层级，每个层级有若干评分原则。将各因子项得分对应其加权后数值，分别计算客观物质层面的评价得分。

一级指标	二级指标	评分标准	
设施数量与规模	——	●	设施数量在5家以下，规模为小型
		●●	设施数量在5～10家，规模为中小型
		●●●	设施数量在10家以上，规模为中小型
设施布局与配置	——	●	布局集中，服务范围仅能覆盖50%以下
		●●	布局分散，服务范围能覆盖70%
		●●●	布局分散，服务范围能达到100%
设施可达性	——	●	到达该设施的平均时间约为15分钟及以上
		●●	到达该设施的平均时间为10～15分钟
		●●●	到达该设施的平均时间约为10分钟及以下
商业物流订单系统	订单处理能力	●	平均每小时能处理0～20单
		●●	平均每小时能处理21～40单
		●●●	平均每小时能处理41～60单
	订单处理速度	●	平均每单处理4～6分钟
		●●	平均每单处理2～4分钟
		●●●	平均每单处理0～2分钟
	订单缺货率	●	平均日订单缺货率在7%～10%之间
		●●	平均日订单缺货率在3%～7%之间
		●●●	平均日订单缺货率在0%～3%之间
商业物流储备系统	库存能力	●	小店规模小，无仓储空间
		●●	无专门的仓库，但具有一定仓储功能
		●●●	有专门的仓库
	收发货能力	●	由于人员较少或处理速度较弱等原因，能力较弱
		●●	能力适中，能较按时按量完成目前工作
		●●●	能力较强，能按时按量完成目前工作
	库存物品种类	●	物品种类较少，质量较低，无法满足人群需求
		●●	物品种类适中，质量适中，可基本满足人群需求
		●●●	物品种类较多，质量较高，可满足人群需求

图 4　客观物质层面评价标准

以图 4 中的评价标准为基础，对照实地调研所得数据，对田岙村—黄沙村连片区的所有便利店评分，结果如图 5 所示。14 家便利店中，离岛优鲜和阿凡提超市获得的客观物质评价点数最多，为 15 点，其商业物流订单系统和储备系统相对完备。来客超市、昕昕食品店、望海超市、跃芬食品店、沿港食品店的点数超过 10 点，也具备一定的物流配送与储备能力。另有 4 家便利店不满足评价条件，不计算相应点数。

商店名称	总点数	商业物流订单系统			商业物流储备系统		
		订单处理能力	订单处理速度	订单缺货率	库存能力	收发货能力	库存物品种类
烟酒小店	8	●	●●●	●	●	●	●
无名小店							
豆豆超市							
红梅小店		●	●●	●●	●		●
霞芬食品店						●	●
好又多超市	7	●	●●	●	●	●	●●
观海小筑	9	●	●●●	●●	●	●	●
跃芬食品店	11	●●	●●●	●●	●	●	●●
望海超市	12	●●●	●	●●	●●	●●	●●
沿港食品店	11	●●	●	●	●●	●●	●●●
昕昕食品店	12	●●	●●	●●	●●	●●	●●
来客超市	14	●●	●●●	●●	●●	●●●	●●
离岛优鲜	15	●●●	●●●	●●	●●	●●	●●●
阿凡提超市	15	●●●	●●●	●●	●●	●●	●●●

图5 客观物质层面评价得分

3.4 主观感知层面评价

通过问卷发放发现，研究范围内近半数（45%）的居民对现有的应急物流体系有所了解，但对于具体点位、具体流程缺乏认知，更倾向去近距离的便利店购买所需物资。

较少居民（10%）完全信任现有应急物流体系，认为很难在应急状态下完全依赖现有物资，需要外岛供给补充物资。

有8%的居民对指挥系统完全满意，9%的居民表示较满意，38%的居民表示满意程度一般，现有指挥系统满意度整体不高。

此外，约有33%的居民对物质空间环境、交通条件和地理条件感到满意，已有的应急设施基础为居民提供了一定程度的便捷感和安全感。

高达70%的居民在主观层面缺乏对便利店纳入应急物流体系的认知、信任或期望，小微零售设施纳入应急物流体系面临认知层面的挑战。

3.5 评价结果

将主客观因子各项得分对应加权分值，得出田岙村—黄沙村连片区以小微零售设施为主要要素的海岛应急物流体系评价结果。客观物质层面，田岙村得分为1.898，黄沙村为1.913。尽管黄沙村在小微零售设施数量上不占优势，但客观建设情况优于田岙村，便利店纳入应急物流体系的客观基础较好；主观感知层面，田岙村得分为0.990，黄沙村得分为0.914。居民对田岙村的小微零售设施认知水平更高，更具有纳入应急物流设施的主观认可基础。

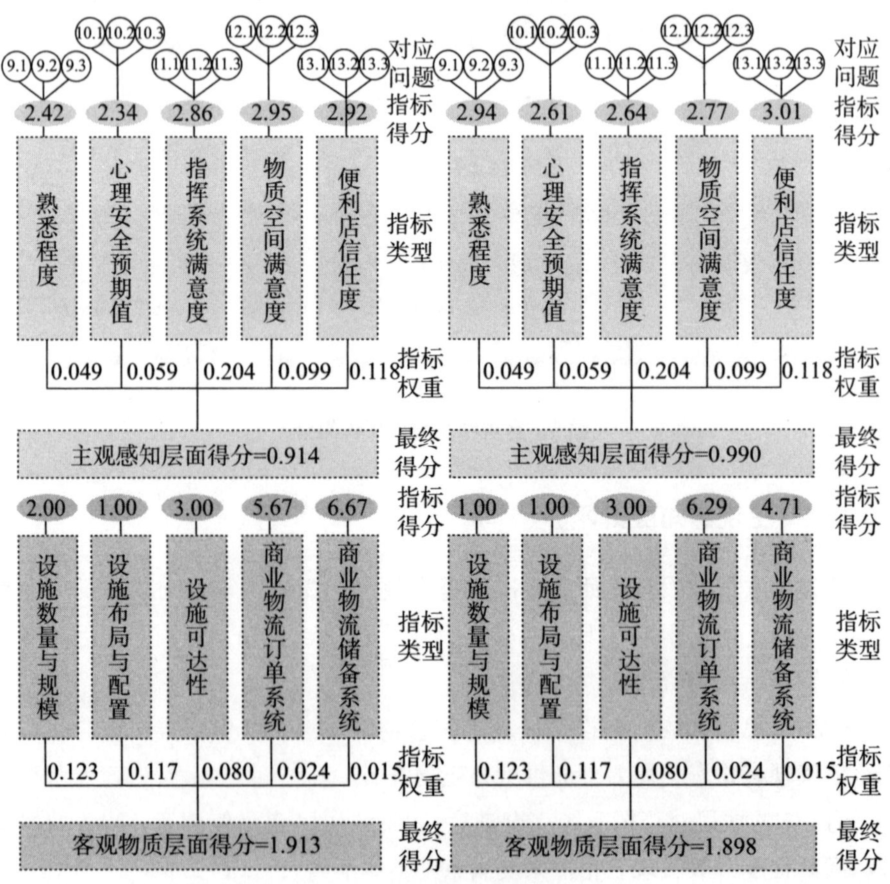

图6 评价得分结果

4 海岛更新下的应急物流体系优化策略

4.1 平急结合：强化小微零售设施应急功能

由于特殊的地理环境和交通条件，海岛应急物流体系的完善关系到海岛更新和人居环境改善能力，是支撑海岛城乡韧性发展的关键。便利店等小微零售设施在海岛日常生活和应急需求中均发挥着重要作用，不应游离在海岛应急物流网络之外。将小微零售设施纳入海岛应急物流体系，利于高效分配应急物资，缩短物资传递路径，快速配发更为多样的应急用品，提高应急质量。此外，居民更容易认知小微零售设施的具体位置和情况，应急条件下可使居民快速掌握物资获取方式，避免出现非必要骚动和次生风险。

4.2 因地制宜：小微零售设施灵活融入应急物流体系

根据海岛人口分布情况和实际自然条件，满足一定密度要求且分布均衡的便利店网络是形成物资配送终端的前提，以保障应急状态下便利店及时向居民提供服务。依据姜凯凯、高浥尘、孙洁①等人的研究，满足灾后救援功能的便利店面积应大于100平方米，按每店服务3000～5000人（相当于5分钟生活圈和居住街坊）进行规划布局，可以较好地兼顾日常服务和紧急使用。但是对于海岛尤其是小型离岛来说，面积超过100平方米的便利店不利于平时商业运营。考虑到相关标准、经济水平、店铺运营、灾害类型和频率、应急救援使用等因素，具备应急能力的海岛便利店以30～50平方米为宜，兼顾日常使用和应急功能，具备一定的物资存储场地，形成具有灵活性和在地性双重特征的海岛便利店网络。

4.3 政策保障：扶持引导小微零售设施均衡配置

海岛居民自发形成的小微零售设施选址通常高度依赖交通可达性，而政府主导建设配送终端会造成一定程度的资源浪费。因此，可按照统筹规划配

---

① 姜凯凯，高浥尘，孙洁．依托便利店构建生活物资应急配送终端体系——以日本便利店的灾后救援经验为例［J］．国际城市规划，2021，36（05）：121－128.

置、帮扶日常建设、灾时启动应急相结合的原则，将小微零售设施作为岛内生活物资保障点，建立海岛生活物资应急保供企业名录，完善平急结合的物流体系。以此实现海岛商业设施网络与生活物资应急配送终端网络融合，并在点位数量、规划和配置布局方面进行政府主导下的统一调控。

5 结语

本文从海岛应急需求实际情况出发，提出高效的生活物资配送终端体系缺乏易造成应急水平下降，海岛城乡人居环境韧性降低。通过对嵊泗列岛田岙村—黄沙村连片区的调查研究，提出依托小微零售设施构建应急物流体系可兼具日常居民消费和应急物质配给功能，提高海岛应急能力。基于应急物流体系客观建设条件和主观认知层面的双重评价，提出平急结合、因地制宜、政策保障三项优化策略，最终可强化小微零售设施应急功能，形成以 30 ~ 50 平方米便利店为节点的应急物资配送网络，切实提高海岛应急物流效能。

以便利店为代表的小微零售设施纳入以政府为主导的应急物流体系，使现有应急物流体系更具灵活性和弹性，但需依据便利店规模和经营情况，充分考虑应急援助效能，对便利店在应急物流需求下的应对能力给予评估，减少误判带来的物资配送不足、延迟等问题。

基于街景图像的城市街道女性安全感知评价及其在城市更新中的应用研究

——以广州市天河区为例①

曾泽航　胡凤宁　黎斌

摘要：国内女性街道安全需求一直因“无性别”的规划理念影响而被忽视，因而亟须大规模调查女性的街道安全感知，为相关政策干预提供科学支撑。然而，传统的女性空间安全研究大多基于现场调查方法，因而存在一定的空间局限性。随着街景大数据的兴起，利用该数据进行城市尺度的街道空间感知研究的方法逐渐成熟，因此本研究将该方法引入到女性街道安全感知评价中，以克服传统方法的空间局限性。具体而言，本研究以广州市天河区为研究区，首先系统收集处理了该区域内的街景图像，并利用语义分割方法，提取了图像中的环境特征信息，构建了综合的街道环境特征感知指标体系。随后，利用人机对抗评分方法，高效地收集了志愿者对街景图像的感知评分数据。研究发现，男女感知评分尽管比较相近，但女性评分具有更大的变差，同时女性评分在统计上显著高于男性。研究也发现女性安全感知评分较高的区域集中于天河区西南部和东部，同时也发现感知评分存在空间集聚性，并通过局部正相关分析识别了评分的高—低和低—高聚类等问题区域。最后，研究通过多尺度地理加权回归方法发现部分街道环境特征感知指标对感知评

---

① 基金项目：国家自然科学基金与澳门科学技术发展基金联合科研资助专案（52061160366）；北京大学（深圳）未来城市实验室铁汉科研开放课题基金（201904）；国家自然科学基金面上项目（41871154）。

作者简介：曾泽航，硕士，广州南沙创新制度研究中心研究员，研究方向：城市更新；胡凤宁，澳门城市大学创新设计学院博士研究生，研究方向：城市绿色空间；黎斌，博士，注册城乡规划师，澳门城市大学创新设计学院助理教授，研究方向：城市更新与城市治理。

分具有空间变化性的影响。特别地，建筑围合指数、机动化指数、视域复杂度、行人活力指数广泛存在显著的空间异质性；而天空开阔指数、自行车指数、道路设施指数仅在特定区域存在空间异质性。研究所提出的女性安全感知数据获取方法和所得结论可为后续女性空间安全研究和天河区的城市更新行动提供相应参考。

关键词：街景图像；城市街道；安全感知；女性安全感知；机器学习

1 引言

1.1 研究背景与重要性

女性在城市空间中的安全问题一直备受关注，同时她们对于城市空间中的风险也具有更强的感知①。因此，女性对于城市的安全需求既包括低犯罪率，也包括街道环境产生的安全感，即相对于男性，她们对街道空间环境安全性的要求更高。此外，不同性别对街道基础设施和公共空间的使用情况和需求也存在差异。尽管如此，当前城市规划和设计却普遍忽视了性别差异，尤其是对于女性的特殊需求，从而降低了她们在城市街道空间的安全感和融入感。因此，从女性视角对城市街道空间的安全感知情况进行评价，不仅能够帮助理解不同性别在空间安全中的不同处境，还能借助女性细腻、敏感的感知能力挖掘全年龄、全性别都能受益的城市街道空间环境需求，因而有助于创造更加安全、舒适和包容的城市空间，提高其质量与可持续性。

1.2 文献回顾

目前的女性空间安全感知研究以现场调查方法为主，多以问卷调查、现场访谈和行为观察等方式挖掘街道内行人的安全需求与环境特征之间的关系。例如，Sweet 等（2015）提出了一种基于本能地理学的街道空间安全感知评价方法，即邀请女性受访者记录街区的特征和感受，并通过这些记录绘制一张

① Baur J. Fear of crime: the impact of age victimization, perceived vulnerability to victimization and neighborhood characteristics [R]. Canberra, Australia: Australasian Centre for Policing Research, 2007.

身体地图来实现感知评价①。国内在此方面也积累了丰富的研究成果，这些研究主要通过问卷调查、现场访谈、文献研究等方式先确定与女性安全感知相关的街道环境特征，再通过问卷调查和统计分析方法对街道空间进行安全感知评价。例如，王珺菁等（2022）首先确定了街道形式特征、路面条件、街巷竖向特征、街道环境和特殊人群及动物活动 5 类主要影响因素，随后以深圳市南山区平山村非商业街道为对象，将对安全感知具有负面影响的环境因素进行了排序和分析，同时该研究也探究了女性的个体特征对安全感知的影响②。值得注意的是，这些研究在评价过程中多使用带有较强主观性的层次分析法对环境因子赋权综合③④⑤。综合上述研究可发现当前基于现场调查的传统方法在调查的空间范围上存在一定限制，多局限于单个或少数几个街区之内，同时层次分析法在赋权综合中的普遍应用使得评价方法相对主观，带来了一定的不确定性，因而难以低成本、高效、准确地对大范围的城市街道空间进行评估，而基于街景图像的城市感知研究则通过街景图像的广泛空间覆盖和基于志愿者感知评价数据的特点为此提供了一条可行路径。

城市感知研究主要关注人类对城市空间的体验感知以及这种感知如何影响他们的行为决策⑥，而街景图像则为城市感知研究提供了直接、丰富的视觉材料，从中可方便地提取街道的各类环境特征⑦。同时，研究往往假定实验参与者通过观看街景图片就可对相应场景评价或排序，因而可极大方便相关实验。因此，街景图像数据自地图服务商开始大规模提供以来，就在城市感知

① Sweet E L, Ortiz - Escalante S. Bringing bodies into planning: Visceral methods, fear and gender violence [J]. Urban Studies, 2014, 52 (10): 1826 - 1845.

② 王珺菁，韩西丽．城中村非商业街巷中女性安全感环境影响因素研究——以深圳市平山村为例［J］．北京大学学报（自然科学版），2022，58（04）：655 - 663.

③ 蒋雅丹．基于 FAHP 法的生活性街道空间安全评价研究［D］．安徽农业大学，2020.

④ 任丹丹．基于女性安全感的大型商业建筑周边步行空间优化研究［D］．哈尔滨工业大学，2019.

⑤ 张倩岚．基于女性视角的城市居住区绿地安全评价研究［D］．江西农业大学，2019.

⑥ Verma D, Jana A, Ramamritham K. Machine - based understanding of manually collected visual and auditory datasets for urban perception studies [J]. Landscape and Urban Planning, 2019, 190: 103604.

⑦ Min W, Mei S, Liu L, et al. Multi - Task Deep Relative Attribute Learning for Visual Urban Perception [J]. IEEE Transactions on Image Processing, 2020, 29: 657 - 669.

研究中得到了广泛应用①②。例如，麻省理工学院媒体实验室的“Place Pulse”项目就通过记录实验参与者对街景图片的主观感受，对城市感知进行了系统量化，并先后制备了两个不同规模（单个国家与全球）的数据集③④。这两个数据集为其他学者利用街景图片预测安全感知和调查其与环境特征和个体特征间的联系提供了有力的数据支撑。例如，Porzi 等（2015）基于“Place Pulse”项目中 6 个美国城市的街景图像数据，提出并比较了基于预定义特征和基于深度学习（端对端）的两种感知排序预测算法，并发现后者有更好的预测效果⑤。Ramírez 等（2021）基于“Place Pulse 2.0”数据集进一步考虑了个体偏好对感知结果的异质性影响，并利用提取出的街景图像特征和随机效应模型对此进行了建模，结果发现具有不同性别和交通出行方式的个体在公共空间的安全感知偏好上具有显著差别⑥。

国内也利用本地数据开展了类似思路的研究。例如，Yao 等（2019）以武汉市为研究区，基于腾讯地图街景图像提出了一种基于人机对抗训练（一种增量学习框架）的城市感知预测模型，该方法可帮助快速、廉价、准确地获取大规模感知数据⑦。此外，一些国内研究也试图结合“Place Pulse”数据集和本地数据探索城市感知的国别差异，例如，江文津等（2018）通过邀请中国本土志愿者对“Place Pulse 2.0”数据集中的纽约和波士顿地区街景图像

---

① Li Z，Chen Z，Zheng W S，et al. AR－CNN：an attention ranking network for learning urban perception［J］. Science China Information Sciences，2022，65（1）：112104.

② Liu Y，Chen M，Wang M，et al. An interpretable machine learning framework for measuring urban perceptions from panoramic street view images［J］. iScience，2023，26（3）：106132.

③ Salesses P，Schechtner K，Hidalgo C A. The Collaborative Image of The City：Mapping the Inequality of Urban Perception［J］. PLoS ONE，2013，8（7）：e68400.

④ Dubey A，Naik N，Parikh D，et al. Deep Learning the City：Quantifying Urban Perception at a Global Scale［C］//Computer Vision－ECCV 2016. Amsterdam，The Netherlands：Springer，2016：196－212.

⑤ Porzi L，Rota Bulò S，Lepri B，et al. Predicting and Understanding Urban Perception with Convolutional Neural Networks［C］//Proceedings of the 23rd ACM international conference on Multimedia. Brisbane，Australia：ACM，2015：139－148.

⑥ Ramírez T，Hurtubia R，Lobel H，et al. Measuring heterogeneous perception of urban space with massive data and machine learning：An application to safety［J］. Landscape and Urban Planning，2021，208：104002.

⑦ Yao Y，Liang Z，Yuan Z，et al. A human－machine adversarial scoring framework for urban perception assessment using street－view images［J］. International Journal of Geographical Information Science，2019，33（12）：2363－2384.

进行重新评分，并与原有感知结果进行对比，发现由于在文化背景与生活习惯上的差异，中外志愿者的感知评分结果具有较大差异①。

综合以上研究，可发现当前尽管在利用街景大数据进行城市感知方面已有丰富成果，但国内研究仍较少利用由本地居民产生的感知数据，且对感知的个体特征差异关注较少，特别是其中的性别差异。女性空间安全研究已经证明了女性视角在城市规划中的重要性，引入女性视角有利于从性别敏感的视角识别城市街道存在的安全感知问题。

1.3 研究问题

因此，本研究拟以广州市天河区城市街道为研究案例，基于街景大数据探究街道安全感知的性别差异和女性安全感知的空间格局及其环境特征影响因素，具体研究问题可概括为：(1) 广州市天河区的街道安全感知评分是否存在性别差异。(2) 广州市天河区女性街道安全感知的空间分布特征。(3) 广州市天河区街道环境特征对女性安全感知影响的空间异质性。本研究可为女性空间安全研究和城市感知研究分别引入新的研究方法和研究视角，为后续研究大规模调查女性空间安全感知和安全感知的性别差异提供一种可行的研究框架，同时本文的研究结果也可为天河区政府的城市更新与街道整治行动提供科学参考。

2 研究方法

2.1 研究区域概述

广州市是中国南部地区最大的城市，也是珠江三角洲的核心城市之一。广州市由 11 个主城区和 2 个远郊区组成，天河区作为中心城区位于广州市东部，是广州市的商业、金融和教育科技文化中心。根据 2010 年第六次全国人口普查数据，天河区常住人口为 147.9 万人，其中男性为 75.6 万人，女性为 72.3 万人，而常住人口密度达到 10491.5 人/平方千米。天河区下辖 21 个街

① 江文津，徐磊青，陈筝．城市安全感知与文化差异——以两个美国城市街景图片的实验为例［J］．住区，2018（06）：23－30.

道，分别为五山、员村、车陂、沙河、石牌、兴华、沙东、林和、棠下、猎德、冼村、天园、天河南、元岗、黄村、龙洞、长兴、凤凰、前进、珠吉、新塘街道。广州市政府近年来实施了一系列城市更新政策，包括2020年的广州市“1+1+N”城市更新政策体系和2021年的广州市城市更新条例，而对该市街道安全感知空间分布与环境特征影响因素的探究可帮助提升城市更新决策的科学性。此外，考虑到本研究所利用的百度街景数据主要集中在城市中心区域，而天河区内有拍摄时间较新、覆盖街道较全面的百度街景全景静态图数据，这提高了本研究数据来源的可靠性和研究结果的准确性，使其成为适合的研究对象。

2.2　街景图像获取与处理

街景图像的获取首先需要确定街景采集点，为此研究先从OpenStreetMap网站获取了天河区的路网数据，并以100米为间隔在路网上确定了5294个采集点。随后以此为输入，从百度地图开放平台的全景静态图API接口获取了4个水平方向上大小为400×600的18716张街景图像，并从中合成得到4679张全景图，最后通过文件哈希算法和目视判别分别剔除了重复和不合适的街景图像（例如在高速路、地下隧道和其他非建成区采集的图像），剩余3099张街景全景图数据用于本研究。需要说明的是，研究从API接口得到的是特定视角下带有视觉畸变的街景图像，其中视角可通过API中的水平视野范围（FOV）、摄像机水平方向（Heading）和摄像机俯仰角度（Pitch）这3个参数确定。经过测试，研究发现当FOV为90°、Pitch参数为20°时分别获取Heading参数为0、90、180、270的4张街景图片再合成一张全景图可以消除初始图像中的视觉畸变。此外，由于研究在API参数中将街景图像获取条件设置为在路网采集点的50米范围之内，在一些道路密集路段这可能导致图像的重复获取，因而有必要对合成结果中的重复图像进行剔除。

2.3　街景图像语义分割与环境指标构建

在本步骤中，研究利用全卷积网络（Fully Convolutional Network，FCN）方法对上一步得到的街景全景图像进行了语义分割，以提取影响城市街道感知的视觉要素。这里，FCN是一种针对图像分割任务专门设计的深度学习神经网络，与传统的CNN相比，FCN将CNN中的全连接层替换为卷积层，因而可以对输入图像进行像素级的分类①。基于这一优势，FCN 已在自然图像分割、医学影像分割和地物识别等领域取得了良好的应用效果②③。

具体而言，本研究利用中国地质大学（武汉）关庆锋教授团队开发的视觉影像语义分割软件（Yao 等，2019）对研究区域内的街景图像进行语义分割。该软件使用了 ADE－20k 数据集训练 FCN 模型，并发现训练得到的 FCN－8s 模型在测试数据上达到了 66.83% 的准确率，同时该模型对采集于环境混乱的城中村和规划整齐的新建街区的街景图片都有较好的分类表现④。在本研究中，该软件将图像分割为车辆、道路、树木等 151 个类别（包括“未知”类别）。

在得到语义分割结果后，研究拟基于此计算街景图像的各类环境特征要素感知指标。在当前基于街景图像的城市空间感研究中，不同学者已基于街景图像特征要素提出了多种空间品质评价指标⑤⑥⑦。本研究基于环境行为心理学理论⑧对现有评价指标进行了整合，并考虑了指标的可对比、可量化、可获得、科学性及有效性等原则，最终构建了包含天空开敞度指数、建筑围合指数、行人活力程度指数等 9 个指数的综合指标体系，具体如下：

（1）天空开敞度指数（Sky Open Index，SOI），通过天空像素的视觉占比反映街道开阔程度：

$$SOI = Pixe\ l_{sky}/Pixe\ l_{total}$$

---

① Long J, Shelhamer E, Darrell T. Fully convolutional networks for semantic segmentation [C] //2015 IEEE Conference on Computer Vision and Pattern Recognition (CVPR). Boston, MA, USA: IEEE, 2015: 3431－3440.

② Fu G, Liu C, Zhou R, et al. Classification for High Resolution Remote Sensing Imagery Using a Fully Convolutional Network [J]. Remote Sensing, 2017, 9 (5): 498.

③ Bi L, Kim J, Kumar A, et al. Stacked fully convolutional networks with multi－channel learning: application to medical image segmentation [J]. The Visual Computer, 2017, 33 (6－8): 1061－1071.

④ 江文津，徐磊青，陈筝．城市安全感知与文化差异——以两个美国城市街景图片的实验为例 [J]. 住区，2018 (06): 23－30.

⑤ 蒋耀，胡啸峰，吴建松．城市街景环境与社会安全事件的空间关系研究 [J]．中国安全生产科学技术，2022，18 (08): 24－29.

⑥ 鲁岳，符锌砂．基于街景图像的城市景观与交通安全分析 [J]．华南理工大学学报（自然科学版），2021，49 (10): 22－30.

⑦ 万传玮，王荣华，孙欣琨．基于街景图片与语义分割技术的徐州市老城区街道安全感知评价研究 [J]．农业与技术，2022，42 (17): 125－130.

⑧ Gifford R. Environmental psychology: principles and practice [M]. Colville, WA: Optimal Books, 2014.

式中：$Pixe\ l_{sky}$是分割结果中分类为天空的像素数，$Pixe\ l_{total}$为图像的总像素数，即 600×2400。

（2）建筑围合指数（Building Containment Index，BCI）通过建筑和墙的的视觉占比反映街道围合程度：

$$BCI = (Pixe\ l_{building} + Pixe\ l_{wall}) / Pixe\ l_{total}$$

式中：$Pixe\ l_{building}$和 $Pixe\ l_{wall}$分别是分割结果中分类为建筑和墙的像素数。

（3）步行空间指数（Pedestrian Space Index，PSI），通过步行空间的视觉占比反映街道对于行人的便利性：

$$PSI = Pixe\ l_{pavement} / Pixe\ l_{total}$$

式中：$Pixe\ l_{pavement}$为分割结果中被定义为人行道等可步行空间的像素数。

（4）机动化程度指数（Motorization Degree Index，MDI），可反映街道空间机动车和机动车道的视觉占比：

$$MDI = Pixe\ l_{car} + Pixe\ l_{road} / Pixe\ l_{total}$$

式中：$Pixe\ l_{car}$为分割结果中被定义为机动车的像素数；$Pixe\ l_{road}$为街景图像语义分割中被定义为马路的像素数。

（5）自行车指数（Bicycle Index，BI）可反映非机动车的视觉占比：

$$BI = Pixe\ l_{bike} / Pixe\ l_{total}$$

式中：$Pixe\ l_{bike}$为分割结果中被定义为自行车和骑行者的像素数。

（6）视域复杂度指数（View Complexity Index，VCI），可反映街道空间视觉可识别要素的复杂程度：

$$VCI = Featur\ e_{exist} / Featur\ e_{total}$$

式中：$Featur\ e_{exist}$为分割结果中实际识别出的要素类别数，，$Featur\ e_{total}$为语义分割图像特征标签总数，即 151。

（7）道路设施指数（Road Facilities Index，RFI），可反映街道交通、安防、生活设施的视觉占比：

$$RFI = Pixe\ l_{facilities} / Pixe\ l_{total}$$

式中：$Pix\ el_{facilities}$为分割结果中被定义为围栏、招牌、杆子、柱子、椅子、路灯等街道设施的像素数。

（8）自然—人工指数（Nature - Artificial Index，NAI）可反映自然环境与人工环境的比例：

$$NAI = (Pixe\ l_{natural} + Pixe\ l_{artificial}) / Pixe\ l_{total}$$

式中：$Pixe\ l_{natural}$为分割结果中被定义为树、植物、草、天空、河等自然要素的像素数，$Pixe\ l_{artificial}$为分割结果中被定义为建筑、马路、人行道、汽车、围栏等人工环境的像素数。

（9）行人活力程度指数（Pedestrian Vitality Index，PVI）可反映街道空间行人的密集程度：

$$PVI = Pixe\ l_{person} / Pixe\ l_{total}$$

式中：$Pixe\ l_{person}$分割结果中被定义为人体的像素数。

2.4 城市街道安全感知评价

由于正常情况下让志愿者匀速完成3099张街景图像的评分任务是一个相当耗时且容易产生不准确评分结果的过程，因此本研究应用Yao等（2019）提出的人机对抗评分框架加速了这一评分过程。具体而言，研究使用了中国地质大学（武汉）高性能空间计算智能实验室开发的图片打分软件Street View Ratings（V1.0）进行人机对抗评分①：当志愿者完成了对前50张街景图像的评分后，软件会以当前评分结果和预先计算的图像特征为样本训练得到一个随机森林模型，该模型会给出待评价的下一张街景图像的预测评分并展示给志愿者，因而可加速后续评分进程。此外，该软件还加入了模型迭代修正的功能：如果连续5张街景图像的推荐评分与志愿者评分相差10分以上，预测模型将会重新训练以自动校正，因而可保证推荐评分能够较好地反映志愿者的主观感知评分。

本研究共招募了25名本地志愿者参与评分，包括10名男性和15名女性。志愿者年龄主要集中在18～30岁之间（19人），占比76%，31～40岁的有3人，占比12%，41～60岁的有3人，占比12%；在广州居住时间在2年以内的占20%，2～5年的占28%，5年以上的占52%。此外，研究考虑了151个图像特征用于预测评分，这些特征对应了上文提到的语义分割后的标签类别。

由于不同志愿者的安全偏好不同，他们的评分区间可能有所差异，这在一定程度上会影响后续的汇总分析过程，因此研究对每个志愿者的评分数据

---

① Yao Y，Liang Z，Yuan Z，et al. A human－machine adversarial scoring framework for urban perception assessment using street－view images［J］. International Journal of Geographical Information Science，2019，33（12）：2363－2384.

都单独进行了最大最小值标准化处理，将其放缩到区间［0－1］。随后研究对每张街景图像都分别计算了男女性别下的评分均值，以汇总数据。

2.5 安全感知的影响因素分析

在影响因素分析过程中，相关分析和回归分析被广泛应用，然而对于空间数据，传统的回归分析方法可能无法捕捉解释变量的空间非平稳性（异质性），即解释变量对目标变量的作用（回归系数）在不同空间位置上存在差别。因此本文拟利用标准化 Breusch－Pagan（BP）检验和多尺度地理加权回归（Multi－band Geographically Weighted Regression，MGWR）方法对这种空间异质性分别进行检验和建模。

标准化 BP 检验是一种检测回归模型残差的异方差性的统计检验①，因此研究需要先利用普通最小二乘回归（Ordinary Least Squares，OLS）对感知评分和上文构建的环境指标间的关系进行建模，随后对此模型的残差进行 BP 检验。如果结果在统计上显著（$p<0.05$），这意味着数据在空间是非平稳的，需要通过 MGWR 进行进一步分析。

GWR 是 Brundson 等（1996）提出的一种空间回归模型，专门用于处理回归分析中的空间非平稳性问题②。具体而言，该模型采用特定分布族下的空间核函数对局部中心样本周围的样本进行赋权（即距中心样本越近，权重越大），而这一权重则反映在局部回归模型的参数估计过程中，使得模型对距中心样本愈近的样本上的预测误差愈重视。MGWR 是近年来对 GWR 的一种改进，该模型允许每个解释变量的作用具有不一致的空间异质性，且这种异质性的大小或者说空间尺度可通过变量的带宽加以表达在核函数中，因而可减少参数估计的误差③，在本研究中也能够反映不同环境特征要素感知指标对城市街道修复感知的差异。为实现 MGWR 分析，本研究采用了亚利桑那州立大学空间分析研究中心开发的 MGWR 软件，其中核函数使用双平方核，带宽搜索采用黄金分割搜索优化算法，即根据变量在空间中的结构和变量的空间自

---

① Breusch T S，PAGAN A R. A Simple Test for Heteroscedasticity and Random Coefficient Variation［J］. Econometrica，1979，47（5）：1287.

② Brunsdon C，Fotheringham A S，Charlton M E. Geographically Weighted Regression：A Method for Exploring Spatial Nonstationarity［J］. Geographical Analysis，2010，28（4）：281－298.

③ Fotheringham A S，Yang W，Kang W. Multiscale Geographically Weighted Regression（MGWR）［J］. Annals of the American Association of Geographers，2017，107（6）：1247－1265.

相关性来确定带宽，并以赤池信息准则（AICc）作为模型优化准则。

3 研究结果

3.1 街道安全感知的性别差异

在本研究中，所有志愿者（10男15女）都对3099张街景图像进行了安全感知评分。总体而言，男性和女性的城市街道整体安全感知评分都处于一般水平且相近：男性安全感知的平均值和中位数分别为54.70和55，而对于女性则分别为54.78和56。此外值得注意的是，女性的安全感知评分较之男性更为分散，评分标准差分别为15.21和9.47，这与以往研究发现的女性因为身体的脆弱性对环境感知会更加敏锐的结论一致。研究进一步对两性安全感知评分数据进行了配对样本T检验，以判断感知评分的性别差异在统计学上是否显著。结果显示，两性对广州市天河城市街道街景图像的安全感知评分在统计学上确实存在显着差异：t（3098）=12.714，$p<0.001$，$d=0.228$，95% CI［0.001；0.012］，表现为女性对于研究区域内的街景图像安全感知水平整体高于男性。

3.2 女性街道安全感知的空间特征

可以发现，女性安全感知较高的街景采集点主要集中在天河区西南部的区域，以珠江新城片区作为中心，呈现向边缘递减的空间格局。同时，天河区东部沿海城市主干道的街景采集点也具有较高的女性安全感知评分。在街道尺度，女性安全感知评分较高的街道同样集中在天河区的西南部和东部。

这一分布格局可能与各街道的功能地位、土地利用和建设项目有关。比如西南部的猎德街道、冼村街道、天河南街道以金融业、商圈、高级住宅区为主，而石牌街道则存在大量高校，天园街道近年来也开展了国际金融城等高端建设项目。在东部，新塘街道是新的天河区政务中心所在地，周围聚集着网易等互联网科技企业，配套设施建设较为完善；黄村街道以自然山体为主，街景数据主要集中在奥林匹克体育中心附近。前进街道随着三旧改造进程的推进，街道面貌也得到提升。反观女性安全感知较差的街道，比如凤凰街道就存在区位偏僻及街道维护不及时的问题，新华街道和棠下街道则具有大面积的城中村。总体而言，从上述分布中可以推断，街道越接近市中心和新开发的区域，就会有更好的城市形象，并且街道维护水平更高，就可能会给女性带来更高的安全感知水平。

为探究女性安全感知的空间集聚性特征，研究首先计算了天河区女性安全感知评分的全局莫兰指数，发现其为0.250986，且P值小于0.01，这表明该区内的感知评分存在统计显著的空间聚集性。研究进一步通过计算局部莫兰指数对空间集聚性进行了分析，绘制了高—高、高—低、低—高、低—低等四类空间聚类现象的空间分布图，并特别关注其中的高—低和低—高聚类，这是由于前者对应于具有较低女性安全感知评分的地区中现状较好的街道所在的位置，而后者则是具有较高女性安全感知评分的地区存在的薄弱环节，了解这两种聚类的位置对于实现有效的政策干预具有重要意义。

研究发现在街道尺度上，凤凰街道、龙洞街道、长兴街道、元岗街道、兴华街道、沙东街道、沙河街道、五山街道西北角、棠下街道东部、天园街道东部、员村街道、车陂街道南部、新塘街道南部是整体低女性安全感知而局部存在高女性安全感知的街道，而新塘街道北部、黄村街道、前进街道、林和街道、石牌街道南部和北部、天河南街道、冼村街道、猎德街道是整体高女性安全感知而局部存在低女性安全感知的街道区划。以感知评分较高的天河南街道和较低的长兴街道为例，在天河南街道中，广利路和育蕾二街的街道环境相较于地区的其他街道，存在可以提升的空间。在长兴街道中长兴路和长湴东路等街道的女性安全感知现状较好，可以通过对其余道路的改造提升该区域行人通行的安全感知水平。

3.3 街道环境要素对女性安全感知的影响

OLS回归结果如表1所示，其中的稳健P值（Robust_ Pr）表明除步行空间指数（PSI）和自然—人工指数（NAI）外，其他环境特征要素感知指标都对女性安全感知具有显著作用（Robust_ Pr < 0.01），而回归系数则表明其中的建筑围合指数（BCI）、视域复杂度（VCI）、行人活力程度指数（PVI）对感知水平整体有负作用，其他显著指数具有正作用。此外，街景特征要素感知指标的方差膨胀系数（VIF）小于7.5，说明解释变量间不存在多重共线性问题。对该模型残差的标准化Breusch - Pagan（BP）检验则发现了统计显

著的结果，即数据确实存在空间非平稳性，因而有必要利用 GWR 和 MGWR 进行进一步分析。

表 1　OLS 回归结果摘要

变量	系数	标准差	t 统计量	概率［b］	Robust_ SE	Robust_ t	Robust_ Pr［b］	VIF［c］
截距	0. 586662	0. 015707	37. 34943	0. 000000 *	0. 015272	38. 41398	0. 000000 *	—
SOI	0. 054094	0. 016578	3. 263036	0. 001130 *	0. 017237	3. 138263	0. 001730 *	1. 269068
BCI	－0. 27632	0. 015309	－18. 0491	0. 000000 *	0. 015289	－18. 0729	0. 000000 *	6. 016932
PSI	－0. 04623	0. 02692	－1. 71731	0. 086032	0. 025385	－1. 82115	0. 068684	2. 403468
MDI	0. 456989	0. 019667	23. 23574	0. 000000 *	0. 019182	23. 82423	0. 000000 *	4. 669092
BI	0. 704979	0. 218234	3. 230377	0. 001265 *	0. 180213	3. 91192	0. 000103 *	1. 019389
CVI	－0. 52809	0. 030959	－17. 0575	0. 000000 *	0. 030027	－17. 5871	0. 000000 *	1. 528461
RFI	0. 466939	0. 052191	8. 946723	0. 000000 *	0. 052915	8. 824297	0. 000000 *	1. 243405
NAI	－0. 00181	0. 004628	－0. 39087	0. 695938	0. 004236	－0. 42703	0. 669404	5. 883954
PVI	－0. 59957	0. 122505	－4. 89424	0. 000002 *	0. 129768	－4. 6203	0. 000006 *	1. 144511
PVI	－0. 59957	0. 122505	－4. 89424	0. 000002 *	0. 129768	－4. 6203	0. 000006 *	1. 144511

OLS 诊断：BP 统计量［f］＝111. 823302；p＝0. 000000 *；校正后的 R^2＝0. 72804

两种模型的结果所示，从中可发现较之 OLS，两种模型的拟合优度（R^2）都有显著提高，同时 MWGR 的 R^2最高，且 AICc 最低，表明其对结果有最优的解释效力，因此下面的分析将基于 MGWR 回归结果展开。此外，研究也发现如果考虑 GWR 和 MGWR 中回归系数的空间均值，则它们的正负性与 OLS 回归结果一致，即上文中关于解释变量正负作用的结论，也同样整体适用于这两种模型的结果，至少是其平均效应。

基于 MGWR 回归结果，研究进一步考察了不同解释变量在空间带宽上的差异，其中天空开敞度指数（SOI）、道路设施指数（RFI）的带宽较小，分别为 137m 和 186m，说明这两个解释变量作用的空间异质性较大，而机动化程度指数（MDI）、自然—人工指数（NAI）、步行空间指数（PSI）、视域复杂度指数（VCI）、建筑围合指数（BCI）的带宽为 649m、803m、993m、1099m、1323m，说明这五个解释变量的作用尺度较大，系数在空间上较为平稳。自行车指数（BI）、行人活力程度指数（PVI）的带宽均为 3097m，即几乎不存在空间异质性，可视为全局变量。此外，研究统计了对于每个街景特征感知要素指标存在显著空间异质性的采集点个数（即在这些点上的回归系数与整体平均结果具有显著差异），其中步行空间指数（PSI）、自然—人工指数（NAI）不存在显著空间异质性的街景感知点。

表2 OLS、GWR、MGWR 回归结果对比

变量	OLS 系数	GWR 系数		MGWR 系数	
		平均值	范围	平均值	范围
截距	0.587	0	(0.426， -0.272)	0.004	(0.647， -0.507)
SOI	0.054	0.087	(0.359， -0.162)	0.103	(0.423， -0.220)
BCI	-0.276	-0.353	(0.021， -0.623)	-0.337	(-0.298， -0.406)
PSI	-0.046	-0.003	(0.161， -0.188)	0.001	(0.050， -0.049)
MDI	0.457	0.467	(0.743，0.234)	0.442	(0.514，0.381)
BI	0.705	0.025	(0.132， -0.096)	0.023	(0.027，0.013)
CVI	-0.528	-0.177	(-0.039， -0.336)	-0.17	(-0.136， -0.215)
RFI	0.467	0.09	(0.240， -0.009)	0.082	(0.257， -0.077)
NAI	-0.002	0.045	(0.615， -0.178)	0.018	(0.087， -0.043)
PVI	-0.6	-0.059	(0.030， -0.225)	-0.043	(-0.039， -0.055)
校正 R2	0.728	0.767		0.79	
AICc	4772.428	4504.841		4320.541	

表3 各感知指标 MGWR 回归结果显著的街景点数量

变量	SOI	BCI	PSI	MDI	BI	CVI	RFI	NAI	PV1
街景点	520	3099	0	3099	304	3099	452	0	3099

最后，研究考察了解释变量回归系数的空间分布，研究结果展示了对各个街景特征感知要素指标具有显著空间异质性的采集点的分布，并将它们的回归系数通过自然间断点分级法分为六个等级进行可视化。整体而言，建筑围合指数（BCI）、机动化程度指数（MDI）、视域复杂度（VCI）、行人活力指数（PVI）在研究区全域都存在着广泛的显著空间异质性，而天空开敞度指数（SOI）、自行车指数（BI）、道路设施指数（RFI）则指在特定区域存在空间异质性。

具体而言，在这些显著点上，BCI 对女性安全感知为负作用。同时，其在珠吉街道、黄村街道、新塘街道、凤凰街道、龙洞街道、长兴街道、元岗街道、兴华街道、五山街道西部、沙东街道、沙河街道、林和街道、天河南街道、猎德大道以西的冼村街道和猎德街道对女性安全感知的影响敏感程度

（以回归系数的绝对值测度）弱于前进街道、车陂街道、棠下街道、天园街道、员村街道、五山街道东部、石牌街道、猎德大道以东的冼村街道和猎德街道。研究显示，MDI 对女性安全感知为正作用。同时，其在前进街道、车陂街道、棠下街道、天园街道、员村街道东部、广佛高速以北的新塘街道、长兴街道、五山街道、石牌街道、凤凰街道、龙洞街道、新塘街道、元岗街道、兴华街道、石牌街道东部 MDI 的影响敏感程度弱于沙东街道、沙河街道、林和街道、天河南街道、石牌街道西部、冼村街道、猎德街道、员村街道西部、黄村街道、珠吉街道。

研究显示，CVI 对女性安全感知为负作用。同时，其在龙洞街道、元岗街道、兴华街道、沙东街道、沙河街道、长兴街道西部、五山街道、林和街道、天河南街道、五山路以北的石牌街道、前进街道、珠吉街道、黄村街道南部、车陂街道、华南快速干线以东的员村街道、天园街道和棠下街道的影响敏感程度弱于凤凰街道、新塘街道、黄村街道北部、五山路以南的石牌街道、冼村街道、猎德街道、华南快速干线以西的员村街道、天园街道和棠下街道。行人活力程度指数（PVI）对女性安全感知为负作用。同时，其在前进街道、珠吉街道、黄村街道、车陂街道、棠下街道、天园街道、员村街道、中山大道以南的五山街道、石牌街道、冼村街道、猎德街道、林和街道、天河南街道的影响敏感程度弱于凤凰街道、龙洞街道、新塘街道、长兴街道、元岗街道、中山大道以北的五山街道、兴华街道、沙东街道、沙河街道。

研究显示，SOI 对女性安全感知为正作用。同时，其在新塘街道、长兴街道东部、珠吉街道南部、石牌站火车站附近的棠下街道和天园街道、黄埔大道东段的员村街道和车陂街道的敏感程度会弱于林和街道、天河南街道、猎德大道以西的冼村街道。此外，自行车指数（BI）对女性安全感知为正作用。同时，其在珠吉街道南部、林和街道、石牌站火车站附近的影响敏感程度弱于天河南街道、猎德大道以西的冼村街道、石牌站火车站附近的天园街道、黄埔大道东段的员村街道和车陂街道。

研究显示，RFI 对女性安全感知为正作用。同时，其在兴华街道西部、赛马场附近的冼村街道和石牌街道、珠吉街道、东圃立交桥附近的黄村街道、车陂街道和前进街道的影响敏感程度弱于中山大道中北部的车陂街道、天河体育中心附近的林和街道、天河南街道和石牌街道。

4 结论与展望

4.1 研究结论

街道作为城市的脉络骨架，不仅承担着城市内部交通集散的任务，也是居民日常生活的载体，然而女性对街道安全的特殊需求却一直受规划中的“性别盲视”现象的影响而被忽视，因而需要对女性的街道安全感知进行调查，以帮助实现更包容的城市街道空间。当前的女性空间安全研究大多通过现场调查方法对女性安全感知进行评价，因而难以对大范围的城市空间进行高效评估。随着街景大数据的兴起在城市科学中的广泛应用，通过虚拟审计对大范围城市街道空间进行城市感知研究的方法日渐成熟，然而相关研究却对城市感知中的个体特征差异，特别是性别差异关注较少。本研究以广州市天河区为例，将该方法运用到城市街道女性安全感知的实证研究中。

方法上，研究首先收集处理了研究区街道上每隔 100 m 的街景图像数据，并通过全卷积神经网络提取了街景图像中的环境特征要素。随后，研究通过人机对抗评分方法，特别是其中基于提取的环境特征要素，对志愿者街景图像评分进行预测的增量学习框架，廉价高效地获取了大规模街景图像的安全感知评分，并对评分结果进行了标准化。最后，研究基于提取的环境特征要素计算了 9 个街道特征要素感知指标，并通过 MGWR 方法讨论了它们对女性安全感知评分的影响及其空间异质性。

考虑安全感知的性别差异，研究发现两性对天河区城市街道的安全感知评分总体而言相近，但女性安全感知评分更为分散，体现了女性对街道环境更敏感的感知。同时，男女安全感知评分的配对样本 T 检验表明两性安全感知存在系统差异，且女性的安全感知整体上更高，因而挑战了女性在街道中更易感受到环境威胁的固有观念。考虑女性安全感知的空间分布，研究发现女性安全感知较高的区域主要集中于天河区西南部，以珠江新城片区作为中心，呈现向边缘递减的空间格局，而在天河区东部则主要沿着城市主干道分布。总体而言，更高的女性安全感知水平主要位于接近市中心和新区的区域，有着更好的城市形象，且街道维护水平更高。同时，研究通过计算全局莫兰指数发现女性安全感知评分存在显著的空间集聚性。通过局部空间自相关分析，研究进一步识别出女性安全感知评分高—低聚类和低—高聚类的街景采集点位置，这些区域可以看作是存在安全问题的城市街道空间。考虑街道特征要素感知指标对女性安全感知的影响，研究发现它们的影响显著且部分指标存在空间异质性影响。特别地，研究发现建筑围合指数（BCI）、机动化程度指数（MDI）、视域复杂度（VCI）、行人活力程度指数（PVI）在广州市天河区广泛存在显著的空间异质性；而天空开敞度指数（SOI）、自行车指数（BI）、道路设施指数（RFI）只在特定区域存在空间异质性。

在研究创新方面，本研究将女性空间安全研究与基于街景数据的城市感知研究进行了结合，因而对两方面研究都有一定的创新。对于前者，研究通过基于街景大数据的城市感知方法实现了大范围街道安全感知数据的廉价高效获取，因而弥补了女性空间安全研究在对安全感知进行评价时受到现场调查方法产生的空间局限性和评价因子赋权时具有的主观性而无法对安全感知进行大范围测度和评价框架无法在其他地区应用的缺点，拓展了这类研究的研究范围和数据收集方法。对于后者，研究考察了城市感知的性别差异，因而拓宽了城市感知研究的研究视角。

4.2 研究结论在城市更新中的应用

首先，本研究对于女性空间安全感知的关注，从宏观角度来说，为城市更新增加了新的研究视角，让性别平等概念下的空间感知，也能够有效地被纳入城市更新所考虑的因素之中，拓展了城市更新的内涵。

其次，本研究对于女性空间安全感知在空间上分布的结论，从中观尺度上来说，有助于天河区在城市更新中，更加有针对性地选择空间安全感知较弱的区域进行更新，从而有助于通过城市更新提升空间的公平性。

最后，本研究对于不同元素对女性空间安全感知的影响力强弱的结论，便于在微观尺度细化城市更新所考虑的因素，通过建筑围合指数（BCI）、机动化程度指数（MDI）、视域复杂度（VCI）、行人活力程度指数（PVI）等指标的指引，能够有效地指引城市更新中具体项目的设计，为城市更新项目提供具体而可实现的微观目标。

4.3 研究局限性与下一步研究的展望

研究在以下方面仍存在一定的局限性：（1）街景图像数据的限制：由于

街景图像是通过街景采集车采集，因而缺乏采集车难以通行的生活性街道的街景数据。此外，由于采集车是在车行道进行采集，因而展现的街景视角与人行道上的行人视角也存在一定差异。此外，街景图像拍摄的时间也无法控制，且仅限于白天，这导致不同道路上的影像存在时相差别，对城市范围内的比较造成了阻碍。（2）安全感知评分过程的局限性：由于作者精力有限，邀请的志愿者人数相对较少。同时，由于无法提供物质奖励，难以避免志愿者在大量街景图像的评分过程中会出现不耐烦的情况。（3）安全感知测度方式的局限：相比于街景图像，人类在现实街道环境中还会利用其他非视觉感官信息进行感知，同时街道环境是动态变化的，这两者都会对评分结果造成一定影响。

未来研究可在以下方面进一步改进：（1）完善感知评价数据的收集方法：利用 VR 技术使志愿者处于一个更逼真的评分环境中，可以利用声音信息感知到场景的动态变化，因而得到更准确全面的感知评分结果。（2）进一步扩大研究范围：国内不同城市在气候环境、功能地位、经济发展水平、民族构成、风俗习惯和建筑面貌上都有显著差别，这些差别很有可能影响不同城市的志愿者对街道安全的感知，探究这一感知差异及其与城市特征间的联系对于深化国内的女性空间安全研究具有重要意义。

提升城市居民幸福感：横琴新区“物业城市+社区”模式①

姜玲　苏锦浠

摘要：“物业城市”是一种将物业管理和城市管理相结合的城市创新治理模式，“物业城市+社区”模式在更微观的社区尺度上将传统的物业管理服务拓展至城市公共服务领域，是珠海市横琴新区在基层社会治理方面的成功实践。本案例分析了横琴新区开拓“物业城市+社区”模式的制度基础、现实需求以及市场蓝海，并且总结其建设过程与运营场景。最后，本案例认为“物业城市+社区”模式在全国范围内具有一定的推广可行性，但该模式在未来需要建立合理的政企社三方收益分配机制、提高公共服务对于社会弱势群体的可达性及公平性、提高公共服务供给质量和可持续性、重视“物业城市+社区”模式的收益平衡等问题。

关键词：物业城市；公共服务；基层治理

1　引言

2020年7月31日，由北京大学城市治理研究院和万科物业发展股份有限公司组织专家编写创作的《物业城市白皮书（2020年）》发布会在珠海横琴举行，该书回顾分析了横琴“物业城市”社会治理探索实践的总体情况，让“物业城市”模式有了统一的行业标准。“物业城市”是一种创新的城市治理模式，结合了物业管理和城市管理的理念与实践。其核心是将传统的物业管

---

① 作者简介：姜玲，中央财经大学政府管理学院教授，博士生导师，研究方向：韧性城市、城市规划、区域经济学；苏锦浠，兰州大学草地农业科技学院硕士生。

理服务拓展至城市公共服务领域，通过专业化、市场化的物业管理公司来提供城市基础设施维护、公共环境管理、公共安全保障等一系列服务。这种模式强调以人为本，通过专业的管理和服务，提高城市的运行效率和居民的生活质量。

自 2018 年“物业城市 + 社区”模式在横琴落地以来，显著改善了当地居民的生活质量。本地和外地居民纷纷感受到了“横琴之美”。例如，澳门居民陈阿姨搬到小横琴社区，表示“这里生活很安心，环境越来越好”。具体举措包括种植 350 万株花木、提升 57360m^2 绿化面积、维修 15138m^2 市政道路，以及每月清运 2500 吨垃圾。① 这些努力让横琴新区的居民切实体会到了环境和服务的提升。在荷塘社区石山村，通过自动清扫机的引入和专业的花木培植，村民生活环境得到了极大改善。同时，人才公寓改造将闲置房屋变为租金收益来源。石山村从一个传统的城中村转变为享受优质城市公共服务的“物业小区”，这得益于横琴“物业城市 + 社区”模式的成功实践。这种模式通过专业化、科技化的管理手段，提高了城市服务水平，增强了居民的幸福感和社区的可持续发展。

城市居民的幸福感并非无中生有，而是通过点点滴滴小事的积累，城市社区作为基层治理的“最后一公里”，提供的社区服务质量与居民生活幸福感直接相关，关系到基层民生。物业管理具有“扎根基层、贴近业主、覆盖广泛”等特点，引导物业管理融入社区治理，是加强和创新基层社会治理的重要切入点。横琴正是通过创新的理念、科技的手段、先进的模式，实现“城、市、人”的融合，打造“以人为本”的“物业城市 + 社区”模式，增加城市的“亲和力”，让人们感受到有温度的城市服务，社区治理也因此有了蓬勃的生命力。伴随着大横琴城资的一个个社区改造项目在横琴新区落地，这片多元文化碰撞的土地焕发着无比的活力，各项试点改革成功开展，物业城市模范、珠澳合作示范区，横琴新区正以多个面貌向社会交出满意的答卷。

① 南方网．“物业城市”治理模式“花开”37 城，横琴凭什么？［EB/OL］．广州：南方网，2020［2024 - 06 - 02］．http：//pc. nfapp. southcn. com/21065/4227396. html.

2　案例背景

2.1　珠海市开展建设“社区生活共同体”

2019年，珠海市印发《关于加强和完善城乡社区治理的实施方案》，将“建设富有友善的社区生活共同体”作为未来五年社区建设的发展目标，在建设方案的指导下，珠海市民政局印发了《珠海市城乡社区治理示范点建设工作方案》，从9大板块入手开展了48个社区示范点建设工作，建设任务包括：加强基层党组织建设、加强社区法治建设、社区综合服务平台建设、开展城乡社区协商、修订村规民约和居民公约、改善社区人居环境、推动“三社联动”、建设“智慧社区”、融入大湾区建设特色。值此背景下，横琴新区以完成社区建设任务为契机，以提高社区物业质量为目标，以引入社会资本为措施，推动区内小横琴社区、荷塘社区、新家园社区和莲花社区联动改造。

2.2　多元化社区居民需求涌现

横琴新区位于广东省珠海市横琴岛，全区占地面积106.46平方公里。与澳门仅一河之隔、距香港34海里的特殊地理位置使得横琴新区成为内地与香港、澳门“人流、物流、资金流、信息流”的交汇处。

辖区内居民人口数量较少但身份多样，其中小横琴社区毗邻港澳，澳门人口占社区总人口近三分之一，港珠澳三地居民并存的人口特点使得此地居民价值取向多元化，对于物质文化需求多样，传统社区治理模式压力随之骤升。

2.3　“物业城市”新蓝海到来

社区物业管理是社区治理的重要内容之一，关系到社区居民的日常住行。同时，社区物业具有公共物品的属性，应以满足公共需求为目的。近年来，物业管理行业蓬勃发展，物业服务企业也一直在拓展服务边界，随着多业态服务的逐步成熟，承担城市公共服务逐渐成为一个显性话题。过去，“城市治理”的权力一直都掌握在政府手中，由于僵化的人力资源管理模式以及缺乏市场机制，城市治理过程中不免出现管理粗放、成本高等问题，伴随着我国城镇化发展进入中后期，国家提出了城市精细化管理的要求，这挑战了传统的公共服务供给模式，也加大了政府负荷。政府需求与企业能力的匹配，使得物业管理企业将自身服务能力进一步拓展，不可避免涉足"城市级"服务，从提供社区物业走向参与城市治理。

3 "物业城市"的建设过程

3.1 成立城资公司，拓宽"物业"概念

2009年12月16日，珠海横琴作为继天津滨海新区、上海浦东新区之后的第三个国家级新区正式挂牌成立，地处粤港澳三地交汇之处，人口与文化具有多元化背景。2018年5月24日，在横琴新区管委会的见证下，由珠海大横琴投资有限公司（珠海市横琴新区管理委员会全资子公司）控股60%、万科物业发展股份有限公司参股40%成立的混合所有制企业——珠海大横琴城市公共资源经营管理有限公司（以下简称大横琴城资），双方携手打造国内首个"物业城市+社区"治理模式。

"物业城市+社区"是社会治理的一种新模式，指的是运用市场机制，引入社会资本，通过"专业服务+智慧平台+行政力量"相融合的方式，对社区公共空间、公共资源、公共项目实行全流程的"管理+服务+运营"。[①] 万科物业作为成熟的物业服务企业，此前已在众多服务共建、产城项目中积累了复杂的场景经验。同时，"智慧社区"的建设将使得万科物业对于技术应用场景更为熟练。

大横琴城资将对包括小横琴社区、荷塘社区、新家园社区和莲花社区4个社区在内的共计8.6万名常住人口[②]提供物业服务，负责接管横琴106.46平方公里的市政基础设施管养工作。大横琴城资通过对4个社区打包提供物业服务，整合统筹城市空间资源。作为这座小岛的"社区总管家"，大横琴城

① 北京大学城市治理研究院，万科物业发展股份有限公司．"物业城市"白皮书［M］．珠海：北京大学城市治理研究院，2020.

② 珠海市横琴新区政府门户网站．横琴概况［EB/OL］．珠海：珠海市横琴新区政府门户网站，2021［2024-06-02］．http://www.hengqin.gov.cn/zhshqxqzfmhwz/news/zjhq/hqgk/content/post_2695017.html.

资以城市公共空间管理为主业，辐射城市公共资源运营、城市公共辅助服务，物业服务、经营型业务和综合管廊管养，接管了横琴新区 100% 市政基础和地下管廊，以及政府机关、配套产业园、商务写字楼等重点物业，拥有横琴新区户外公共停车场等 3 项特许经营权。

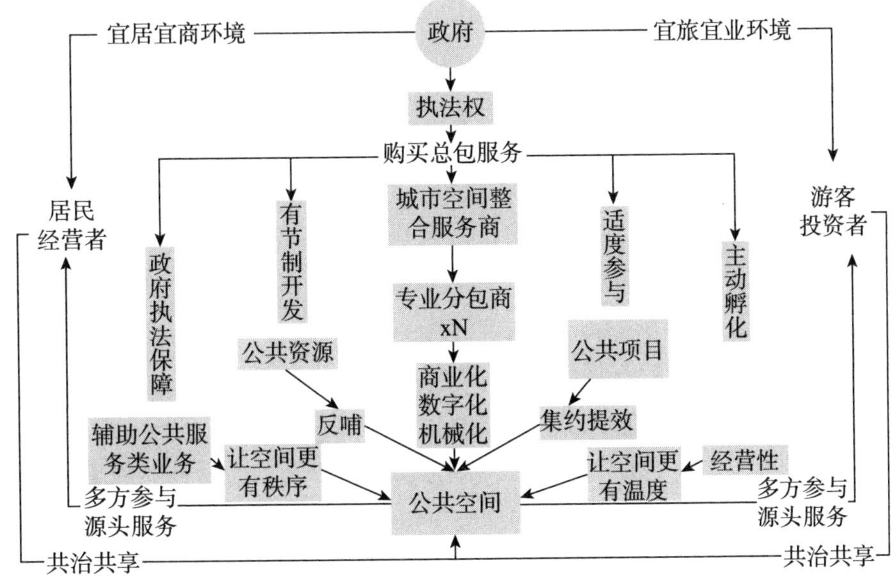

图 1　什么是“物业城市”？

有别于传统的物业管理，大横琴城资在整合 4 个社区空间资源的同时，进一步拓宽社区“物业”的概念，形成“物业 + 互联网”“物业 + 大生态”“物业 + 全民化”“物业 + 法治化”“物业 + 暖公益”的管理形式。在“物业城市”模式下，横琴新区 4 个社区的公共空间与公共资源整体将作为一个“大物业”，基于大数据智慧管控，交由大横琴城资这一家高水平的物业公司对整个城市进行专业化、精细化、智能化的统筹整合，实现管理、服务、运营的高效统一，最终打造管理精细、服务到位、运营高效的“星级社区”和“星级城市”。

3.2　“物业城市 + 社区”治理模式的运营场景

3.2.1　线下部分

（1）管理层面：地上空间 + 地下空间 + 水环境

大横琴城资公司在管理层面强调源头管理，通过建立企业级专业大数据指挥平台，有效整合城市公共空间资源，让社会企业发挥专业性强、管理标准高、量化程度高的优势。大横琴城资从地上空间、地下空间和水环境三个板块展开管理。

大横琴城资在地上空间承接了横琴新区 106.46 平方公里的市政基础设施管养工作，以网络化、机械化、信息化、优质化、制度化的标准接管城市公共空间，为横琴提供包括市容环卫、园林绿化、城市照明、城市桥梁、市政道路、水利设施在内的管养服务，覆盖地上空间每个角落。同时，大横琴城资为地下综合管廊、隧道、电缆沟等城市地下空间和公共设施提供一体化的管养服务，其中，综合管廊是大横琴城资打造的全国管廊运维标杆项目，分为技术研发、对外业务、展厅运营和隧道运行四个板块。自 2019 年起，大横琴城资便承接了横琴全岛的水闸管养、水库管养、排洪渠管养、海域和天沐河水域漂浮物打捞及堤岸保洁等城市公共水利设施的管养服务工作。

（2）服务层面：物业服务 + 公共服务

横琴区政府相关各部门对大横琴城资公司进行了部分权利让渡，由物业公司员工和志愿者代替执法人员在一线服务，让专业的人做专业的事，用群众的办法解决群众的问题。服务层面包括物业服务和公共服务两个板块。

大横琴城资站在城市一体化运营的角度服务城市各类主体，为横琴口岸、横琴总部大厦、横琴创意谷、城市新中心等十多个重点项目提供物业管理服务，服务对象涉及住宅、商企、产业园、政府机关、口岸等多种城市主体，服务总建筑面积合计约 90 万平方米。对澳服务是大横琴物业服务的特色模块，为两地通关、旅客停车、澳人创业、跨境办公提供后勤保障和服务支持符合横琴定位。大横琴城资合理运用政府让渡权力，深入参与和协助政府开展国土巡查、辅助执法、人民调解等公共辅助服务，代替政府工作人员在一线化解矛盾，让政府执法后移，与市民站在一起共同评判企业服务，提升城市服务的温度。

自 2019 年 10 月至 2020 年 7 月，大横琴城资辅助执法案件 13792 起，清理垃圾 36776 斗车，清理杂草 21978 平方米，清理大街小巷 19179420.8 平方米，清理垃圾黑点 7397 处，清理沙井口 28405 次，清理“牛皮藓”8564 处①，实现以最低的社会支出、最广泛的社会参与达到最大的工作实效，真正

① 数据来自横琴新区综合执法局。

实现如“绣花”般的精细化城市服务管理。

(3) 运营层面：以运营理念解决城市治理难题

大横琴城资上承政府，将城市长期规划与短期利润相结合，对公共资源进行有节制的开发，优化政府投入，促进城市繁荣；下启发展，通过区域统一规划与布局，整合各种发展商机来投资经营，用全新的理念打造城市新面貌。大横琴城资的运营类业务包括公共停车场、户外广告、建筑弃土场、新能源运营、垃圾分类、新零售项目、创意集市、集中疏导点和基于城市生活开展的各类经营业务。

大横琴城资的运营类业务主要针对城市和社区治理痛点展开运营。为解决停车难、乱停车等问题，大横琴城资成立了社会停车场项目服务中心，加快9大社区（自然村）的智慧停车项目建设，平整改造原先环岛东路与宝兴路交界处废弃的垃圾临时堆放场、新建红旗村临时停车场，在该区综合服务中心附近新增停车位、在横琴口岸设置停车场等，共计整合重点区域各类停车位5100余个，现有各类停车位10079个。智慧停车项目引入智能停车系统，可对接“物业城市”App，可通过停车指引、自动识别、扫码付费、网上查找空余车位等方式，为市民和游客提供便利的停车服务。

“要改变村民的生活习惯，并非一朝一夕。需要长时间的监督、引导，让他们慢慢适应定时定点投放垃圾。”在横琴新区从事垃圾清运工作9年的张宏光说。结束了一天繁忙工作的张宏光，在骑着自行车回家的路上看到几个环保屋内没有堆放任何垃圾，脸上的疲惫一扫而光，露出了欣慰的笑容。这只是横琴新区垃圾分类工作顺利开展的一隅场景。2020年珠海市第四季度生活垃圾分类评估结果显示，横琴新区在各市直单位评估中排名第一，而这一切都离不开全市首个垃圾分类处理中心在横琴的落地运营。位于处理中心的绿化垃圾破碎区功能齐全，实现“处理、暂存、利用”的全链条专项分流处理，推动了生活垃圾减量化和资源化。其中针对厨余垃圾的资源化利用，2020年11月建成横琴新区内第一座厨余垃圾资源化处理基地，该基地日处理量为500公斤，年处理量为183吨，实现了厨余垃圾100%资源化，同时达到了56%的碳减排环境效益。

尽管地摊经济在稳就业、保民生、促消费上发挥着积极的作用，但在地摊的热闹喧嚣背后，也隐匿着一系列问题，脏乱差、污水、油烟、噪声、占道等问题困扰着周围的居民和城市建设者。大横琴城资与横琴新区综合执法局从生活配套、市容建设、标准化和人性化管理四方面入手，先后改造了“银鑫花园创意集市”“十字门集中点”和“物业集市”。其中，“银鑫花园创意集市”利用多个集装箱组合改装而成，面积约880平方米，可容纳29户商铺。“十字门集中点”面积约1000平方米，可容纳33个摊位，为流动摊贩等社会基层劳动者提供场地、水电配套、公共照明、区域监控、24小时保安、集中垃圾清运，并统一配备帐篷、公共餐桌椅、服装等。“物业集市”则整合了流动摊贩疏导、智慧农贸市场、配套停车服务等多种便民利民功能，占地约1.1万平方米，共提供16个商铺、48个摊位和200个停车位。①

图2 “物业城市”小程序“智慧停车”页面

3.2.2 线上部分

（1）“物业+互联网”

为解决城市数据资源不畅通、无法实时对城市进行全局分析的问题，2019年5月，大横琴城资开始搭建全国首个“物业城市大数据平台”，经过一年的努力，2020年5月22日上午，在横琴物业城市综合指挥中心全新亮相的“珠海横琴物业城市大数据平台”给众人带来了全景的体验。实时查看每一辆垃圾清运车的作业情况、全面反馈和追溯各类业务异常作业情况、精确

① 万科物业．朱保全谈“物业集市”：地摊经济的放管服需要智慧［EB/OL］．北京：万科物业，2020［2024-06-02］．https：//mp. weixin. qq. com/s/UgYQgi0uTV-RrXpBhmPjfA.

统计作业人员排班及考勤等运营情况、远程集中控制及管理横琴岛上的路灯，如今“物业城市”治理下的大数据平台正在充当城市的“眼、手、脑”。

以垃圾清运为例，通过大数据平台，可实时查看所有垃圾清运点的垃圾收集情况和车辆作业情况，不仅可以追踪每辆清运车的实时监控视频和垃圾倾倒记录，还可对各收集点的垃圾收集量、垃圾收集次数进行统计分析，为垃圾清运管理决策提供数据依据。

再以城市防洪防汛为例，考虑到横琴新区四面环海、雨季集中，且岛内地势低洼等特点，该片区存在着海水倒灌的风险。大横琴城资通过物联网技术，对5个在管排洪渠设置了8个关键监测点位，合计安装10套水位监测和8套视频监控，可对河道水位进行24小时不间断检测，降低了人工成本，提高了监管效率，一旦出现异常情况，平台会立刻发出警报。

“物业城市”平台大规模应用AI、大数据、区块链等技术，平台架构已基本完成，下设有22个子系统，且全部具有手机端、电脑端、后台端、展示端等贯通体系。同时，利用物联网技术将城市公共空间进行系统化、网络化升级，实现公共资源的智能化识别、定位、跟踪、监控和管理；建立大数据指挥中心，将行政管理资源与物业公司的专业优势相融合，推行全方位、全过程、全覆盖的社会治理模式。

（2）“物业+大生态”

在应用层面，“物业城市”平台具备较强的系统对接能力。一是整合了大综合执法、政法、司法等政务管理系统；二是具备整合企业级业务系统的能力，对接了大横琴城资FM设施设备管理系统、CRM客户关系管理系统、助英台App、战图、环卫、绿化、综合管廊等7个业务系统，实现“物业城市”业务的量化、可视化；三是具备对接各类城市服务系统的能力。已经或正在对接的系统包括：养老、体育、门禁、旅游、共享汽车、智慧出行等服务大众的系统。

以“物业城市”的智能交通系统为例，智慧停车系统、智能通勤平台、共享交通以及大数据下的网约车系统共同构成了智能交通系统。“物业城市”的智慧停车系统全面整合了横琴新区的重点区域停车资源，同时对接“物业城市”小程序，市民可随时享受实时定位、查询车位、停车费用查询、路线导航等一站式服务。珠海小可乐科技有限公司是物业城市智能通勤平台的技术支持者，它结合5G四网融合技术，针对“生活智能化、出行绿色化、管理数字化、产业高端化”四大层面的发展诉求，着力打造智能通勤综合服务平台，业务范围包括：新能源汽车超市、智能约车、5G 智慧交通、车联网大数据、PEU 充电设备、AI 车位管理等。“物业城市”协南方智运公司的 Warm Car 共同推动城市共享交通的发展，共享汽车以“分时租赁”的方式为市民日常出行提供便利，同时推动横琴新区绿色低碳发展。万顺叫车是“互联网+出租车”的移动出行科技公司，通过实行线上网约车和线下出租车两种模式，解决乘客打车难、司机拒载等出行难题。

（3）“物业+全民化”

“物业城市”App 自 2017 年 4 月 18 日上线，截至 2020 年 8 月 4 日，共有 158362 名市民、1006 名志愿者注册使用“物业城市”App，参与企业 168 家，依托“物业城市”App 一键服务功能共受理案件 25243 宗。2019 年上线的“物业城市”App 三期实现了咨询、上报、服务、办事、督办等“五个一键”功能。2020 年 11 月，“物业城市”App 4.0 版正式上线，“五个一键”功能被保留并且深耕，通过新增的身份认证服务、工作流程引擎服务、数据分析服务，构建起“管理+办事+服务”三大功能板块。蝶变后的 4.0 版小程序可以对接政企各系统，例如智慧停车系统、智能门禁系统、国土巡查系统、劳动监察系统、智慧出行、智慧社区等，物业城市乃至物业社区的每一处公共资源都可以被识别、定位、监控、管理、预警。物业城市 App 是全国为数不多的具有 To G/To B/To C 功能的市场化政务服务平台。

引导公众参与城市、社区治理是“物业城市”的一大特色，“物业城市”小程序通过设立奖励机制激发市民的参与热情，横琴新区管委会综合执法局局长赵振武向记者介绍道：“市民除了可以举报相关问题，还可以通过抢单形式处理自己或他人举报的问题。”而市民有效的举报或者抢单行为可以获得相应的积分，积分可用来兑换商品、优惠券或者直接变现。相关部门根据志愿者参与志愿活动的难易程度，对志愿者进行志愿补贴或者购买一定额度的人身意外商业保险。

在 2020 年疫情期间，物业城市 App 为防疫活动发挥社会力量，提供技术载体，开发了疫情上报功能。在后疫情时期，横琴新区面向市民发放上亿元消费券，以消费带动经济复苏，市民可在物业城市 App 或小程序上领取消费券，领取后可查询使用范围和意向商家，平台贴心的“一条龙”服务获得了珠海市民的点赞。

（4）“物业＋法治化”

2019 年 4 月 30 日由横琴新区综合执法局和大横琴城资工作合作筹建的横琴镇人民调解委员会——橙子调解工作室正式挂牌成立，这是横琴新区开创“物业城市”全国试点以来，首个结合具体社会治理业务进行专业运营的落地项目。橙子调解工作室自运行以来，前后调解案件 1000 余宗，为横琴新区法律服务中心分流处理了约 70% 的案件，提升了横琴新区纠纷矛盾的处理能力和处理效率。截至 2020 年 8 月 4 日，物业城市 App 共受理案件 25243 宗，全部所受理案件中，物业公司处理 23736 宗（占比 94.03%）。此外，工作室还接受法律咨询案件 809 宗，协助处理法律援助案件共计 306 起，进行工地巡查共计 540 次，协助处理劳动监察案件 29 起，其中特大劳动案件 16 起，开展普法进工地活动 427 次，举行普法进农民工学校 10 场，参与对重点企业普法活动 31 次。

橙子调解工作室成立三年以来，加强诉前调解，通过信息化、机械化手段对社区执法巡查工作进行精准管理。如今，老百姓维权更便捷，违法侵占国有土地行为大为减少，非法建设情况也得到有效改善。重要的是，居民生活幸福感得到增强，城市治理的“最后一公里”问题得以有效解决。

（5）“物业＋暖公益”

为凝聚城市爱心力量，彰显横琴治理温度，在珠海市横琴新区综合执法局的指导下，横琴新区公共秩序协会联合中华思源工程扶贫基金会，打造了一个全民参与、全程透明、全新生态的公益平台——“公益长城”。该平台自上线以来便收获广大群众的关注和好评，平台致力于扶贫大学生助学、残疾人帮扶、助力失业人群、失学儿童重返校园、长者饭堂等五大慈善募捐项目。截至目前开展的募捐行动包括，南沙湾社区将售卖“爱心月饼”所得的 30% 帮扶困难居民①，帮助来自怒江州贡县的布拉底村幼儿园学前儿童，对他们进行启蒙教育等②。

为保证捐赠者的每一笔捐款都能落到实处，该平台充分嵌入“区块链”技术特征，对于捐赠者的每一笔捐款自动生成数据编码，确保捐款归属。通

① 公益长城．南沙湾社区售卖“爱心月饼”所得 30% 帮扶困难居民！［EB/OL］．北京：公益长城，2020［2024－06－02］．https：//mp. weixin. qq. com/s/some－unique－id.

② 公益长城．南沙湾社区售卖“爱心月饼”所得 30% 帮扶困难居民！［EB/OL］．北京：公益长城，2020［2024－06－02］．https：//mp. weixin. qq. com/s/U8GkEFK68l4rwYsz_ 7WShQ.

过项目线上展示、捐款流向及时反馈、执行费用全程公示，使得公益程序公开透明。

4 未来挑战

“物业城市 + 社区”模式是中国社会治理工作的一项重要探索，具备充分的合理性与合法性，对经济社会影响深远。“物业城市 + 社区”模式的出现，可以有效提供社区公共服务的质量和效能，改善社区治理透明度。与此同时，“物业城市 + 社区”模式也有充分的理论价值，尤其创造性地提出“物业城市 + 社区”运营商模式，为“物业城市 + 社区”在全国范围内的推广提供了可借鉴的样本。

“物业城市” App 的上线为这一模式的成功运行提供互动载体，我们可以看到，不少年轻市民和志愿者积极参与到社区治理之中，一张小小的优惠券凝结了政府对于提高社区治理居民参与度的决心。居民可在“物业城市” App 上进行需求反映和治理反馈，他们既是公共服务的享受者，又是公共服务的供给者。但是我们也应注意到，在老龄化压力逐渐增大的今天，部分老年人他们是不能很熟练地使用智能手机的，面对这样一个高度智能化的平台他们或许会显得无所适从。甚至还有部分学习能力差的群体以及一些具有生理缺陷因而无法正常使用 App 的群体，他们的需求该如何反馈，他们该如何参与到社区治理中，这些问题或许可以从服务需求采集渠道和公共服务享受门槛等角度去思考。

与此同时，大横琴城资整合了横琴岛 4 个社区的公共空间，联合提供物业服务，大体量的优势是对于公共资源进行了有效整合，但由于 4 个社区体量大、服务需求多而导致的运营商无法有效承接的问题也随处可见，综合管廊不能及时维修，停电不能及时解决、违规建筑不能妥善处置等问题也困扰着居民。在未来，如何保证公共服务的供给质量和供给可持续性是需要思考的问题。

除此之外，我们也应看到“物业城市 + 社区”模式实行的成本收益平衡问题。给予物业公司和服务外包商适当的盈利空间是这一模式长久运营的关键所在，政府在这一模式中看到了降低成本、提升管理效率、获取额外资产增值的可能性，同样地，物业公司的盈利来源也不容忽视。首先，横琴式

“物业城市”是一个十分庞大的体系，包含城市社区环境质量、基础设施建设、公共资源管理运营以及其他业务等，业务体系之庞大必然导致业务范围难以清晰界定等问题。对于单业主的物业管理，后续的甲方协调组织和补偿纠正机制可以解决短期的成本超支问题，但是对于“物业城市”而言，是否有充分授权的组织和灵活的预算约束机制去协调收益成本呢？其次，“物业城市 + 社区”治理模式仍然强调的是由市场机制降低政府提供公共服务的成本和提高城市、社区治理效率，但是为保证项目的可持续运营，物业公司的利润该如何获取呢？大横琴城资是政府和企业的合资公司，它向上统筹获取业务，需要获得一定的行政授权；向下担任业务纵览分包的角色，珠海大横琴投资有限公司控股 60% 决定了该平台的较强的公共属性。因此，我们不能对该平台的盈利能力抱有太高期望，未来该平台仍需积极拓宽业务范围，增加可能的盈利来源。

智慧让城市更美好：来自北京法源寺历史文化街区的实践[①]

吴奇兵　陈庆红　王伟

摘要：法源寺历史文化保护街区地处首都功能核心区，是北京市第二批历史文化保护区。在探索老城保护与民生改善的城市更新模式中，宣房大德公司以绣花精神探索，用脚步丈量街区，倾听居民诉求，解决居民痛点问题，以实现街区文化遗产的传承和复兴、打造北京老城街区保护的宜居典范、实现街区可持续发展为重点目标，深入挖掘片区历史文化内涵，注重会馆活化利用，利用已腾退共生院落打造片区党建中心——红色会客厅（原江宁郡馆），探索党建引领下的城市更新和居民参与模式。脚踏实地推动市政基础设施改造工作。通过科学的统筹设计、精细化的运营管理、创新的建造材料与先进的工程技术完成法源寺片区的市政设施改造提升，实现雨污分流改造，为厨卫入户、业态落位创造了条件；完成架空线入地；电力增容让全电厨房成为可能；引入干式消火栓，降低文保区火灾隐患；接通燃气，为业态提升提供基础保障；增设智慧灯杆，实现文保区智慧化管理。力争将法源寺打造为文化彰显、百姓宜居、生态绿色、智慧高效、代际传承的历史文化精华区。

关键词：历史文化街区；智慧社区；法源寺

1　引言

“一座法源寺，半部京城史”，法源寺历史文化街区是北京建城史，尤其

① 作者简介：吴奇兵，博士，高级工程师，北京宣房大德置业投资有限公司总经理；陈庆红，北京宣房大德置业投资有限公司规划前期部经理；王伟，北京宣房大德置业投资有限公司综合办公室主任。

是唐幽州、辽南京的重要历史见证，独特的竖胡同肌理承载了北京城市空间历史变迁的独特印记；深厚的文化积淀见证了北京城市文化传承的历史地标；宣南文化在此盛极一时，街区内保留了大量会馆遗迹与历史遗存，有全国重点文物保护单位法源寺；市级文保单位 3 处，分别是浏阳会馆、绍兴会馆、湖南会馆；区级文保单位粤东新馆 1 处和 18 处会馆遗迹，鲁迅、谭嗣同、林徽因、泰戈尔、徐志摩等众多名人皆与此地有着不解之缘，在此谱写了一段段流传至今的佳话逸闻。宣房大德公司作为法源寺文保区项目的实施主体，在落实新版北京总规、核心区控规要求的基础上，以“绣花”精神探索，用脚步丈量街区，倾听居民诉求，解决居民痛点问题。从老城更新服务商的角度，科学统筹、精细化管理，全方位推动文保区改造提升工作。通过科学的统筹规划设计、精细化的运营管理、创新的建造材料与先进的工程技术完成市政设施改造提升，实现雨污分流改造，彻底解决低洼院积水顽疾，为厨卫入户、业态落位创造了条件；完成架空线入地亮出了天际线；电力增容让全电厨房成为可能；引入干式消火栓，降低文保区火灾隐患；接通燃气，为业态提升提供基础保障；增设智慧灯杆，实现文保区智慧化管理。基于对法源寺文保区保护提升项目市政设施改造工作的认可，住房城乡建设部邀请宣房大德公司，作为起草单位之一参与编制国家标准《历史文化街区工程管线综合规划标准》，承担历史文化街区管线的技术规定，安全技术措施等相关内容的调研、编写任务。同时，公司参与修编北京市《历史文化街区工程管线综合规划规范》DB11/T 692—2019 的工作，为文保区改造提升提供了创新且切实可行的经验。

2 案例背景

法源寺文保区位于北京市西城区南部，原宣武区正中心。这里是北京城的肇始之地，自西周封蓟在此建立蓟城和金国迁都建立中都城，法源寺片区见证着北京城 3000 余年的建城史和 850 余年的建都史。自唐代在此兴建悯忠寺（法源寺前身），法源寺地区更成为北京城市发展史和北京历史空间特色不可或缺的一部分。这里明清时代士人宅园、会馆、寺观密布，集中体现着“宣南文化”。但老旧胡同年久失修，晴天“扬灰”，雨天泥泞，大雨内涝，居民“出行难、路不平、灯不亮”；同时，胡同内低洼院积水问题严重，缺乏必要的市政管线，消防安全问题突出，绿化不足，架空线密布，这些问题令人大伤脑筋。

根据《北京城市总体规划（2016年—2035年)》的战略部署：保护古都风貌，传承历史文脉；有序疏解非首都功能，加强环境整治，优化提升首都功能；改善人居环境，补充完善城市基本服务功能，加强精细化管理，创建国际一流的和谐宜居之都的首善之区。要求在街区改造中科学统筹设计，合理利用空间，完善便民设施，实现街区环境品质与居民自治共同提升，强化首都风范、古都风韵、时代风貌；科学配置资源要素，实现城市可持续发展。但在胡同内进行市政改造，受平房区空间限制，需要统筹设计规划来协调改造与居民生活出行之间的矛盾，整体改造实施难度巨大。

3 主要做法

北京宣房大德置业投资有限公司作为法源寺文保区城市更新项目实施主体，在落实新版北京总规、核心区控规要求的基础上，科学统筹片区整体设计，分时序开展工作：改善基础设施、修缮还原片区历史风貌、合理利用公共空间、完善便民设施、倡导社区营造常态化，实现街区环境品质与居民自治水平共同提升，强化首都风范、古都风韵、时代风貌。

3.1 雨污分流市政改造解决民生问题

在中华人民共和国成立初期，北京市针对胡同内的大街小巷排水系统进行了大规模的系统性修整工程，主要是新建、扩建了大量以雨污合流为主的排水工程，大部分街巷内都埋设了暗沟或管道，由此形成北京老城排水系统的雏形。随着近年来城市的发展，雨污合流的排水体制已无法满足城市可持续发展的需要以及人们对改善生活环境的发展需求。在汛期内大量的雨水进入合流网路，短期内排水不畅，很容易造成城市内涝，也容易形成溢流对河道水体造成污染。

宣房大德公司对法源寺老城区胡同平房区现状排水系统进行梳理统计，发现位于胡同平房区内现状排水存在的一些痛点：由于雨污合流管道建设年代久远，管径较小，项目区域内不能承受重现期为一年的降雨，且管道被占压严重，难以检修维护，致使合流管道堵塞严重，臭气逸散，环境卫生破败；

而且随着城市化的发展，胡同内及外部市政道路不断翻修，院落外部的道路不断抬升，使得较多平房院落逐步成为低洼地；部分居民从雨水篦倒入生活污水，致使雨水篦淤堵严重，汛期存在严重的积水问题。

表 1　法源寺现状管网统计

改造前	管道类型	管径/mm	管道断面类型
法源寺后街	合流	DN300 - DN400	圆管
西砖胡同	合流	DN300 - DN800	圆管
七井胡同	合流	DN400 - DN500	圆管
七井胡同（东西向）	—	—	—
烂缦胡同	合流	600 × 900	方沟
南半截胡同	合流	600 × 940 - 600 × 1000	方沟

针对现状问题，通过模拟软件对现状管网进行评估，法源寺街区内改造范围内检查井 182 座，管道 187 条，管道长度 5. 364km。其中合流管道 104 条，管道长度 2. 849km；雨水管道 47 条，管道长度 1. 313km；污水管道 36 条，管道长度 1. 202km。以项目区域范围内 2h 降雨历时内重现期分别为 1、2、3 和 5 年一遇的暴雨为情景进行模拟计算。

现状模拟结果显示，由于雨污合流，当降雨发生后排水系统的水量显著增加，当超过其排放能力，管网排水现状能力不足，便出现污水溢流。现有的排水系统尚不能满足 1 年重现期下的降雨情况，排水系统能力极差。且随着降雨强度的增加，溢流比例和溢流历时都显著增加，针对以上情况，需通过进行雨污分流改造，进行风险防控。

按照胡同内市政路改造常规做法，道路宽度在 6m 及 6m 以下范围，宜采用雨污合流的排水体制。法源寺片区内道路普遍宽度小于 6m，如何能在有限空间内实现雨污分流改造，保护市区水体生态环境的前提下，合理布置更多管线以满足平房区的市政管网配套需求，对宣房大德公司的工作提出了挑战。

结合法源寺片区水力模拟计算结果与实际状况，在满足各类管线综合规划下，科学确定改造方案，最终的改造方案能够满足 3 年重现期下的降雨要求，项目区域能够抵御更强重现期的冲击，管网的排水能力强。改造方案为在胡同内单独敷设污水管道收集院落的生活污水，在胡同两侧或单侧设置浅层雨水边沟收集路面雨水，雨水边沟沿地形坡向外部市政道路，在末端与外部市政雨水管道进行有效的衔接。采用这种方式可以有效节约地下市政管线空间资源，减小总体管道投资。

在实际改造中，宣房大德公司积极突破创新，采用装配式工艺、工厂化生产、现场电熔连接的一体式缠绕结构壁管道和检查井，路面排水采用高强度、高耐久性的一体式线性排水槽，既节约了空间又提高了施工效率。

3.1.1 一体式缠绕结构壁管道及井室

一体化生产的聚乙烯缠绕结构壁变径检查井，材料更耐腐蚀，井壁占用空间减少近2/3，施工速度提高10倍，突破街区更新的空间限制与瓶颈。传统的砖混式检查井占用空间较多，而且工期受砌筑强度的限制，往往需要等检查井强度达到要求后才能进行覆土恢复道路通行；传统污水管道通常采用硬质聚氯乙烯管（UPVC）或者水泥管。UPVC管道接口处一般用胶黏接，抗冻和耐热能力都不好，容易渗漏，安全性与耐久性均得不到保障。水泥管道一般占用空间非常大，接口一般湿接，施工工期较长，不适用于胡同内狭窄空间。而采用聚乙烯缠绕结构壁管道、检查井为敷设更多的管线创造了有利条件。一体式缠绕结构壁管道及井室在施工中可先在工厂内进行预制加工，运送至现场后开挖安装，装配式施工周期短。管道连接则采用承插式电熔连接技术，连接为柔性连接，接口与管线同寿命，能够达到管道零渗漏。保证了管道整个系统运行的安全性，避免了因接口渗漏造成路面塌陷，延长了道路的使用年限。

3.1.2 一体式线性排水槽

路面采用一体式线性排水槽，能够有效增加汇水面积，能达到连续截水，排水效率相比于传统排水系统更高，能够有效解决道路雨水通排问题，在解决低洼院积水问题中，一体式线性排水槽也发挥了非常重要的作用。通过法源寺项目整体的水利模型模拟，对比实际使用效果，一体式线性排水槽排水效果显著，防止雨水倒灌入院内。同时一体式排水沟比常规雨水篦子承重等级更高，抗老化抗冻融抗腐蚀性强，渗透率为零，使用寿命更长、更美观，可直接导入市政管网系统。树脂混凝土一体成型的线性排水槽的使用大大提高了汇水面积，这种结构最大承重50吨，安全可靠，耐久性高。

改造前，原有合流管线埋深不足1.5米，整体排水效果极差。本次改造雨水管道设计埋深2米左右，污水管道设计埋深2.5米左右，采用一体式缠绕结构壁管道及井室与一体式线性排水槽实现雨污分流，并在各院落出口处预留出户井，从根本解决低洼院落及路面积水问题，为后期胡同内的厕所革命和厨房改造保留了基础条件。

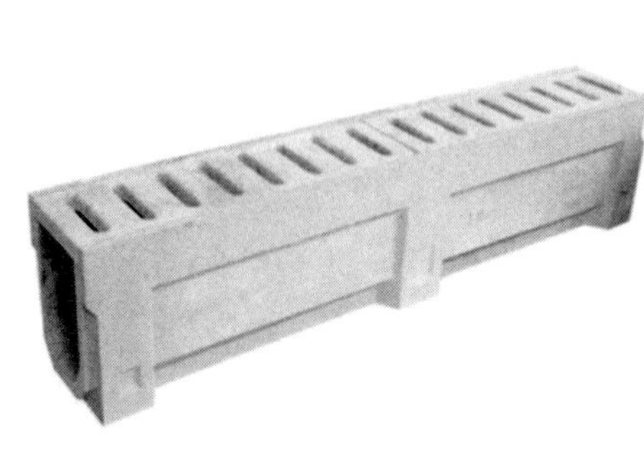

图1　一体式线性排水槽

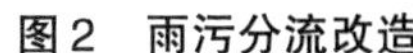

图2　雨污分流改造

图3　市政改造后的排水效果

在各管线综合布置过程中，不仅考虑了工程管线与建筑物之间的最小净距要求，还同时考虑到了竣工后工程管线运营与检修要求。

在实际改造中，大德公司积极突破创新，采用装配式工艺、工厂化生产、现场电熔连接的一体式缠绕结构壁管道和检查井，路面排水采用高强度、高耐久性的一体式线性排水槽，既节约了空间又提高了施工效率。以烂缦胡同为例，设计道路宽度6米，共7条管线，其中新建6条管线，保留1条现状管线。新建了雨水管线、污水管线、电力管线、消防管线、通信管线、低压燃气管线，保留了原装自来水管线。其中，低压燃气管线的引入为片区内的业态提升提供了保障；胡同内引入的干式消火栓设置消防管线有效降低了平房区的消防安全问题；电力管线的新建也为平房院内的电力增容提供了保障。

3.2 老胡同展现新风貌

在改造前，老旧胡同给人最大的印象就是残破、零乱与拥挤。无处不在的架空线密密麻麻，街巷内零乱的各类箱体不规则地堆放，让本就不宽松的空间变得更加拥挤。宣房大德公司在市政改造的过程中，通过精细化的施工管理与精准的把控，通过架空线入地、电箱消隐等措施，给了胡同空间一个新的风貌。

3.2.1 亮出天际线

由强弱电架空线环绕编结而成的“蜘蛛网”曾遍布于法源寺文保区的各条胡同，如此密布的架空线既不美观，又存在着诸多的安全隐患，严重影响法源寺文保区的景观风貌。虽在市政基础改造中对管线进行了综合规划，但“架空线入地”涉及多个政府部门及多个产权单位，统筹协调难度极大，为使法源寺文保区强电、弱电架空线入地改造同期进行，避免“拉拉链”式施工给居民造成更大的影响。宣房大德公司在各上级领导单位的支持下，与城管委、区交通支队、国网北京市电力公司、城区供电总公司、城市照明管理中心、北信基础、电信、移动、联通、歌华等多家单位进行对接，进行充分的前期准备工作，以“统筹安排、突出重点、逐个突破”为原则，采用流水施工的形式，先后进行电力管道配迁和弱电管道的施工，同步进行大规模线缆入地和撤旧工作。以“一周一条路”的速度完成了架空线入地工作的最后一道工序，彻底消灭了烂缦胡同、南半截胡同、天景胡同、法源寺后街东段、七井胡同、西砖胡同等6条道路上空的“蜘蛛网”。

3.2.2 各类线缆集中安置

统筹协调电力、电信设备安装施工单位，将电力、电信设备箱小型化、集中化安放，优化空间环境，节约使用空间。提升整体环境效果的同时降低了火灾发生的安全隐患。

3.2.3 地埋式调压箱

在烂缦胡同北口广场处，设置了一种地埋式隐形燃气调压箱。相较于普通燃气调压箱，这种新型调压箱具有“小型化、隐形化”等优点。设备采用不锈钢板的箱体埋于地下，不占用地上规划用地，不会影响市容市貌，并且埋于地下，寒冷地区也不会出现冰堵，不需要单独的供热系统。尤其是在加装隐形双层井盖后，能够很好地与周边环境相协调，不影响周边环境，为片区景观提升创造更好的改造环境条件。地埋式隐形调压箱有效解决了胡同区建筑密度高，调压设施无法满足防火间距要求的问题，运行稳定，性能可靠。

图4　胡同架空线入地后对比

图5　墙地箱集中安置后对比

3.3　彰显街区历史文化

如何在市政改造中，展现法源寺历史文化街区的历史文脉、红色人物足迹和城市更新理念，是我们改造工作所面临的另一挑战。

宣房大德公司利用市政拆违的空间，将其建设成为各种景观小品工程或对绿化进行补植补种，让胡同的居民也有自己的休憩空间，享受绿色清净的空气环境。

在方案的征集阶段，通过征集居民在街区更新改造工作中的意见，贯彻

“共建共享共治”理念，找出群众最关心的议题、群众最不满意的痛点、群众反映强烈的突出问题。实现方案编制、工程施工、运营管理等环节的全流程、全范围沟通，引导社会各阶层、各领域群众、专家等参与未来社区规划、建设、管理和监督各环节，充分听取各方意见建议，保障群众的知情权和参与权。借助社区、微信平台或者线下会议等鼓励引导居民群众积极参与方案设计讨论。通过交流，签署共建协议，公司与居民共同参与街区内部分花池的种植与养护；联合设计团队，打造了烂缦胡同内一处极具特色的鸽子房，很好地与居民产生联动。

图6　烂缦鸽子房

作为北京市第二批历史文化街区，宣房大德公司在街区更新改造的时候，将街区导览标识融入文化的特质。结合会馆文化，在设计上突出“宣南文化”的特质，以会馆文化、丁香花、名人故事等元素为背景，使游客在探寻会馆文化的时候有沉浸其中且耳目一新的感觉。

3.4　打造绿色、智慧街区

3.4.1　生态化粪池

在前期老胡同改造的调研中，宣房大德公司发现绝大多数的居民对胡同内院落排污非常关注，希望能够在短期内满足厕所入户的需求，但解决卫生间入户就需要设有专门的化粪池。然而院落场地狭小导致化粪池无法建设，同时存在既有化粪池建设质量普遍低、渗漏污液污染土壤和自来水管道；化粪池不密封，厌氧过程产生恶臭气体，造成周围空气质量恶化，影响周围居民舒适性；粪便在消化处理过程中，产生有毒有害气体，在清理化粪池时有可能发生中毒、爆炸等安全事故；经化粪池发酵的污水出水呈酸性，会对钢制污水管道造成腐蚀等问题。

因此，宣房大德公司在胡同的改造过程中选取试点院落采用了生态化粪池技术。采用该技术后，建设速度快，施工方便，清淘方便且周期长，可大幅度削减污泥量，实现中水回用，对保护水环境与节约资源有着重要的意义。

在院落的改造前期，选取合适位置为生态化粪池设置点位，在院落改造同时进行化粪池管道埋设与施工，设置中水回用管道，将中水用于绿化灌溉与养鱼，真正发挥生态院落的作用。

图7　试点院落生态化粪池中水利用

3.4.2　智慧灯杆

科技能赋予街区无限活力，宣房大德公司力争将法源寺街区打造成为绿色智慧高效街区。在市政基础改造的同时，宣房大德公司创新引入了多功能合一的智慧灯杆系统。智慧灯杆是一种集成各种信息技术应用的市政基础设施，分布密集且均匀，可满足城市社区管理多种需求，是构建智慧社区物联网的优质载体，集照明调节、环境、人流监控、无线 Wi-Fi、5G 基站、信息发布等多功能于一体，实现物联网智慧化管理。同时将灯杆接入信息平台，构建高效、共享的街区空间，为居民提供便捷的智能服务，形成“1 平台 + N 维应用”的物联网感知体系。本次规划实施片区内共落位 15 个智慧灯杆，成为法源寺智慧管理平台的重要组成部分，促进智慧社区落地，智慧灯杆落位，为社区党建活动的开展、信息宣传以及疫情防控等都发挥了重要作用。

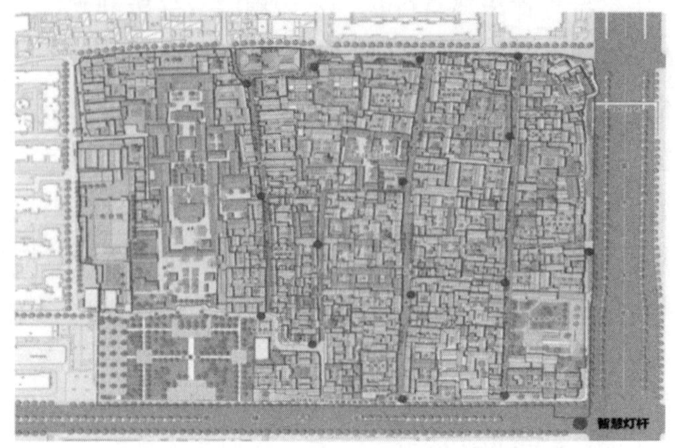

图 8　街区内智慧灯杆点位布置

4　主要成效

通过五年多的项目改造实施，宣房大德公司始终贯彻北京城市新总规与核心区控规。在统筹规划设计市政管线设施的前提下，科学运用新材料新工艺，通过不懈努力，针对区域内低洼院积水、消防安全问题以及整体环境等问题，补齐了短板，解决了民生问题，整体提升了胡同内居民的生活品质。

4.1　低洼院积水的解决，厨卫入户的实现

通过市政基础设施雨污分流的改造，适当降低路面管线的高程，确保管线埋深低于胡同内所有低洼院落的最低高程，科学布置院落出户井位置，规范地接入各自管线，对低洼院排水坡度进行重新规划，整体实现了低洼院落的改造问题。以烂缦胡同 127 号院落为例，市政改造过程中适当降低院外路面高程，在院内新建雨水口为院内最低点重新进行院内铺装找坡，确保院内雨水畅通排入市政雨水管线，通过改造实现了汛期整院无积水。

街区的改造中，宣房大德公司本着公众参与，以和谐宜居为目标，力争把法源寺街区打造成古老与现代相结合的历史文化街区。以烂缦胡同甲 130 号院落为例，宣房大德公司通过前期的市政改造环节实现了该处院落燃气入户，卫生间入户，院内采用智能化全电厨房，壁挂炉电采暖等，彻底改善了居住生活环境。此处院落也成为了宣房大德公司探索共生院落的一种新尝试，吸

引高端人才入住。市政基础设施的改造提升，为街区的和谐宜居提供了基础保障，也为法源寺的智慧化信息化奠定了基础。

4.2 消防安全隐患的消除

通过市政基础设施的改造，宣房大德公司在胡同内引入了低压燃气管线，减少了胡同内燃气罐的使用率，设置干式消火栓落位小型消防站，消除了平房院落的消防安全隐患。同时，在市政改造的同时，拆除个别违法建筑，打通消防通道；统筹协调电力、电信设备安装施工单位，将电力、电信设备箱集中安放，优化空间环境，节约了使用空间。在提升整体环境效果的同时，消除了火灾事故发生的安全隐患。

4.3 整体环境效果的提升

宽阔整洁的道路与高颜值的口袋花园取代了曾经破旧的商铺与违建。现在的烂缦胡同，上空没了架空线的遮挡，地面没了占道的商铺与违建，路面整洁如洗、绿树繁花相互映衬，端庄大气的门头彰显着古老的文化气息。胡同再次焕发新生机，胡同内的居民享受着属于自己的“浪漫”，随着环境整治提升的成果显现，展现新风貌的老胡同越来越多地被居民们自豪地提起，也吸引了众多游人和摄影爱好者们驻足流连。宣房大德公司的市政改造效果得以体现，也为保护古都风貌，净化首都空间环境，提升城市景观水平作出了重要贡献。

在文保区的市政基础改造提升案例中，一些先进工作经验被纳入《历史文化街区工程管线综合规划规范》DB11/T 692—2019。同时法源寺文保区保护提升项目入选“2022 年首都城市更新优秀案例”和《2022 年首都发展报告·城市更新研究》报告；法源寺文保区城市更新项目荣获 2022 年度中国城市更新和既有建筑改造典型案例；法源寺文保区街区更新项目荣获第 20 届精瑞科学技术奖城市更新范例优秀奖；法源寺历史文化街区保护规划和法源寺文保区名城保护系列活动入选北京城市规划学会编制《北京历史文化名城保护优秀案例汇编集（2013 年—2022 年)》；“法源寺街区智慧管理试点研究项目”荣获全国智标委“标准贡献奖”应用实践类奖项、“2023 数字中国创新大赛·数字城市百景新锐”、北京企业家联合会企业管理一等成果奖；烂缦胡同景观提升和试点院改造项目荣获 2023 年北京城市更新最佳实践案例；烂缦胡同 108 号院被评为北京市西城区第三批“最美院落”、烂缦胡同甲 130 号院、131 号院被评为西城区第四批“最美院落”；烂缦胡同被评为 2023 年度北京市十大最美街巷。北京市绿色生态示范区中，法源寺文保区保护提升项目获评 2023 年度“北京市绿色生态示范区”。南半截胡同 39 号院荣获西城区第七批“最美院落”称号。公司同时受邀参与编制国家标准《历史文化街区工程管线综合规范标准》，承担历史文化街区管线敷设的技术规定、安全技术措施等相关内容的调研与编写任务，该规范已于 2020 年 4 月正式实施。希望通过规范的引导，将法源寺历史文化街区打造为文化彰显、百姓宜居、生态绿色、智慧高效、代际传承的历史文化街区。也希望能在老城更新市政设施规划、设计、建设和施工方面能够给予借鉴。

图 9　历史文化街区画像

5　结论

结合宣房大德公司在老城改造的一些经验，目前存在的主要问题是胡同内景观小品设施的产权移交工作。公司建议在项目策划、立项阶段、深化设计阶段以及工程实施阶段与居民的民意民事相结合，充分征求居民的意见，可以有效降低在实际实施过程中的一些风险。同时，随着项目的推进，改造面貌焕然一新，但管理也不能落后，通过建管结合，全面提升改造项目的整体建设管理水平。最后，也需要积极地与相关产权单位进行有效沟通，做好道路、景观小品、绿化等的接管与维护工作，使相关的工作能够有序衔接。

街道何以“井井有条”：技术赋能基层治理的双井样本①

茅明睿　陈琪玲

摘要：从数字化 AI 技术的发展对社区工作提出新要求和双井街道数字经济发展目标两个维度介绍了北京朝阳区双井街道在创建国家社会治理创新实践的背景，从数据要素汇集、数字治理场景、数字经济场景和数据要素运营四个角度介绍了项目的主要设计内容与实施过程，从国际可持续发展试点社区和综合维度总结了案例的实施成效，总结了双井阶段的数智模式经验和未来的优化发展方向，最后从街道综合治理平台的推广与应用、社区环境监测治理工具推广以及生活圈地理工具推动与应用等维度介绍了双井项目经验的推广价值。

关键词：数字治理；数智化；基层治理；双井街道

1　项目背景

双井街道位于北京市朝阳区东二环和东四环之间，北部紧邻北京市的重要商务中心区之一，辖区面积 5.08 平方公里，下辖 18 个社区，常住人口 9.6 万人。党的十八大以来，双井街道全面贯彻落实北京市、朝阳区关于加快发展数字经济的工作部署，立足北京市建设全球数字经济标杆城市的战略目标，立足朝阳区打造数字经济示范区的发展定位，布局“一街、一园、三圈、多空间”协同发展新蓝图，深化全市首个数字经济示范街道建设成果，强化数

① 作者简介：茅明睿，北京城市象限科技有限公司创始人、总经理，北京社区研究中心主任，北京城市实验室联合创始人。陈琪玲，北京城市象限科技有限公司城市规划师，注册城市规划师，北京市朝阳区双井街道责任规划师。

智赋能、要素互通、资源联动，锻造地区“井井有条 美美与共 欣欣向荣”的数字经济发展新引擎，推进“欣美井”建设，打造数字经济生态共同体，探索区域共生发展新模式，构建党建引领、数智赋能、科技支撑、人才保障的治理新格局，全方位助力朝阳建设和首都高质量发展。2019 年 7 月，在第三届国际城市可持续发展高峰论坛上，双井街道成功入选联合国人居署国际可持续发展试点社区。在数字治理推动下，双井街道通过城市更新成功破解老旧小区发展困境，探索创建数字经济示范街道，促进空间重构和价值升级，并获得“2023 中国城市更新优秀案例之十大价值创新奖”。

1.1 数字化 AI 技术的发展对社区工作提出新要求

数字化 AI 技术的发展为社区数智转型提供了巨大的机遇。通过实现数智转型，社区能够提升工作效率、提供精准服务，并以数据驱动的方式进行决策和规划，为社区的可持续发展及和谐社会的构建做出积极贡献。提升效率：社区面临着大量的工作任务和复杂的管理情况。通过数智转型，社区可以利用 AI 技术自动化和智能化处理烦琐的工作流程，从而提高工作效率。精准服务：通过数据分析和 AI 算法，社区可以更好地理解和满足居民的需求，提供个性化、精准的社区服务，提升居民满意度。提高决策科学性：数智转型可以帮助社区社工收集和分析大量的数据，为决策提供科学依据，使社区治理更加科学、有效。然而，数智转型也要求社区具备相应的技术能力、思维方式和协作能力，注重隐私和安全保护，以实现数字化时代的社区工作的全面提升。

1.2 双井街道数字经济发展目标

双井街道紧紧围绕北京市和朝阳区率先提出加快建设全球数字经济标杆城市和数字经济示范区的目标带来的新契机，率先成立党建工作协调委员会数字经济专委，以党建引领统筹数字发展，推动党建引领“两新组织”和数字经济双向赋能，助力扩大核心优势，推动地区经济高质量发展。

2 创新设计与实施

数智转型社区融合了多项创新技术，主要包括：基于社区治理的知识图谱体系构建和图谱管理技术、多源数据资源汇聚的社区数据库技术、计算引擎及城市体检技术、面向基层治理的"七有五性"评估技术、基于共同缔造共同参与的社区更新技术等。以及涵盖运营、搜索、预测和算法等多项算法引擎技术，如：支持大规模对象管理，支持快速创建、回填和任务派发的社区运营引擎；支持多类别标签检索，百万数据库中秒级的联合查询的搜索引擎；提供分析异常预警、任务告警等预测能力的预测引擎和赋能基层AI能力的语言识别、图像识别、自然语言处理、地址归一化能力以及生活设施便利度的智能分析技术。

数智转型社区由数据基础底座"井井有条"综合治理平台、数字化社区人口台账管理、数字治理场景、数字经济场景和数据要素运营应用和辅助决策应用构成，创新了社区治理服务模式，在数据层面，形成面向社区管理和公共服务的数据基础采集汇聚能力，通过对算法引擎形成对数据资源的挖掘和解析，解决长期存在的基础台账和数据不够完善、数据效能尚未充分挖掘等问题。围绕社区生活全链条的打造，以社区服务应用聚合服务设施和社区活动，新增便民生活服务的场景建设，打通"最后一公里"社区经济圈。通过一体化社区服务管理平台的构建，提升社区综合体检评估能力和社区条块协同能力，以数据驱动基层治理能力的提升，为管理人员提供辅助决策，提高事件感知能力和处置水平，通过数字化社区建设，创新性地将基层工作趋于信息化、数字化和智能化，真正做到为基层减负增能。

2.1 数据要素汇集

2.1.1 双井街道数据底座

双井街道数字底座是一个综合而全面的数据平台，从运行监测、体检评估和数字经济三个大的维度汇集了多种数据，旨在为社区治理和服务建设提供可靠的决策依据。首先是运行监测。包括人口数据、网格数据、接诉即办数据以及环境监测数据。人口监测数据包含基本人口属性信息、活力信息和入户信息。爬楼图，实现了到户的实有人口普查和空间信息关联。网格管理和接诉即办数据记录了居民的投诉和办理情况，帮助了解社区热点和问题。环境监测数据涵盖空气质量、水质、噪声等方面，为改善居住环境提供参考。其次是体检评估。它包含街道人居环境评估数据、联合国可持续发展目标（SDGs）评估数据、七有五性评估数据。最后是数字经济维度，包括信用楼宇数据、消费活力数据和文化活力数据。从楼宇自身维度展示了双井辖区内的建筑总面积、租售面积，重点楼宇的相关信息，从企业维度展示了企业的类型、科技创新相关的指标与企业多样性的评分。消费活力数据记录了商业活力、商圈评价、商圈客流热力、商圈发展潜力等数据。文化活力数据街道辖区内不同时间颗粒度的活动数量、活动分布等信息。通过驾驶舱大屏，双井街道数字底座可以进行可视化展示，将各类数据以直观的方式展示给决策者和相关人员。通过驾驶舱大屏实时了解社区的运行状况、问题和机会，有效辅助基层治理工作。

2.1.2　人口数据要素：人口台账管理

人口数据管理方面，支持人口数据的导入、修改、更新、查询，实现人口数据的动态化管理。通过人口标签的设置与录入，面向多元人群进行基层治理与服务保障（助老助残等服务），提高基层工作效率。

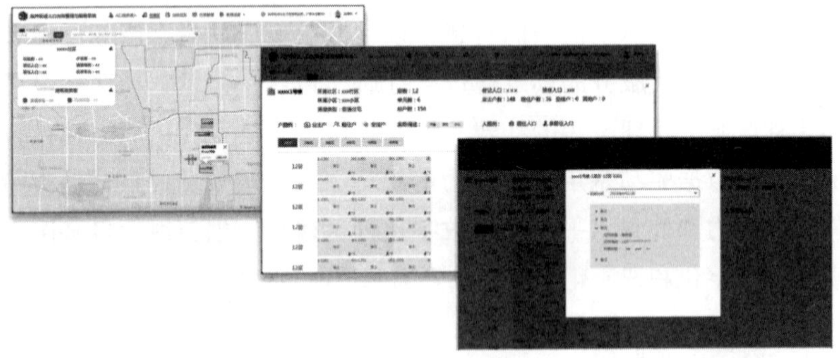

图1　人口数据管理模块

面向街道管理者与社区工作人员进行统计需求，包括地理单元、时间周期、人口标签、人口变化情况等不同统计维度以及维度间的组合情况，形成可视化台账总览，并支持数据一键导出下载。

2.1.3　社区实体空间数据要素

社区体检包括住房城乡建设部完整居住社区、住房城乡建设部城市体检、老旧小区改造、无障碍环境提升等内容。旨在对社区的服务设施、公共环境、建筑空间等内容进行系统、全面的问题诊断，形成社区更新清单。首先是体检工具。为数字化社区体检提供调研工具，包括全景拍摄设备：由全景相机、惯导和北斗定位设备组成。每隔一段时间（距离）自动拍摄一张全景照片。

路面感知设备：集成了动力—压力—倾斜角度等传感器。采集速度变化、振动幅度和姿态变化。评估路面平整度、坡度、障碍分布。环境感知设备：集成多个环境传感器（空气质量、噪音、异味等）。自带 NB - iot 通信模块。自带 GPS 模块。该模块可以实现的功能包括：拍照标注小程序——人工使用手机拍摄并对照片进行标注或主观评价；地图扎针提案小程序——基于在线地图，人工进行点位标注并提案，实现公共参与；数据标准化处理——采集回传数据的后台标准化管理：数据结构化、空间化，数据清洗，数据进一步加工计算；图像识别自动化处理——通过计算机视觉算法进行图像的自动处理识别，已实现的类别包括绿视率、汽车、行人、道路等。

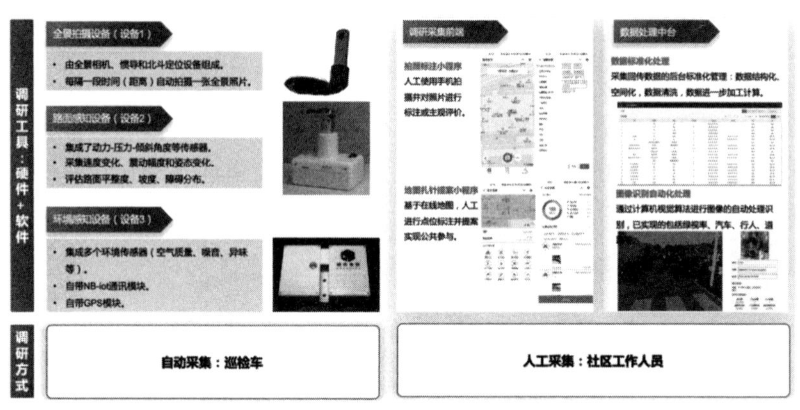

图2　社区实体空间数据要素集

在调研工具应用上，将路面感知设备集成到无障碍轮椅上，首先可以模拟残疾人出行，全面感知无障碍出行环境。配备移动电源，将其他感知采集设备集成上来，配置为巡检车的初代样机，其特点一是操作员只需驾驶巡检车行驶，无须进行其他操作；二是集成环境、街景、路面感知传感器，实现一次巡检，完成多个调研目标的全面感知；三是小巧方便，适合在慢行系统行驶，可达性好；四是自带电池供电可连续行驶 30km 以上，并可基于此电源继续增添感知设备。

2.2　数字治理场景

2.2.1　“接诉即办”治理场景

“接诉即办”监测功能模块，在昨日、本周、本月三个时间周期上进行投诉案件空间统计、案件类型统计、重点投诉问题识别、案件数量周期性波动情况等内容的监测，并重点在月度、季度周期进行投诉居民画像、投诉问题画像、投诉主体画像分析。基于自动化的文本语义和空间化算法，实现了案件类型及其对应的数量随时间变化、各案件的点位及具体信息、经常发生投诉问题的区域一图可视。可视化的信息能够对这些复杂的案件形成空间化的整体认知，辅助判断案件重点问题类型和发生区域等。通过分析维度的增加，帮助社区更好地理解和响应居民的诉求，提升辖区品质。最终实现对于社区接诉即办治理问题的系统性认知，辅助治理决策。

2.2.2 社区环境监测治理场景

便携式环境感知设备实现了将温度、湿度、PM2.5、PM10、噪声、异味等多个环境监测传感器集成到同一装置中，然后通过将设备集成到双井综合执法车上，实现对社区主要道路及居住社区的动态巡检。同时，将设备布设到二十二院街改造项目所需监测的重点点位，如院街居住社区出入口、交通枢纽等，对重点点位实现持续监测。设备同时集成了 GPS 模块及 NB - iot 通信模块，可以实现设备位置信息的获取和感知数据的实时回传。

图3　双井综合执法车装载环境传感器设备示意图

基于环境感知设备获取的数据，环境监测系统实现对社区环境的综合感知、分析及治理辅助。具体包括各点位环境指标数值显示、异常问题空间分布、环境指标趋势变化等内容，通过移动端管理工具对社区巡检人员进行异常问题推送，实现问题快速响应，辅助社区环境品质的治理提升。

2.2.3 社区共享单车治理场景

共享单车监测传感器通过蓝牙嗅探设备识别出可感知范围内的共享单车车辆信息（设备编号、所属厂商等），与 GPS 模块及 NB - iot 通信模块等一起集成，形成共享单车监测传感便携式设备。设备主要实现的功能包括：（1）数据采集：选取重点问题点位进行全天24小时不间断数据采集并存储共享单车相关数据。（2）数据回传：利用IOT网络将采集到的共享单车数据回传至服务器。（3）数据清洗：通过“预清洗”和“标准清洗”两个关键步骤实现数据清洗。（4）数据管理：数据进行统一入库管理，按照元数据管理标准进行加工处理。

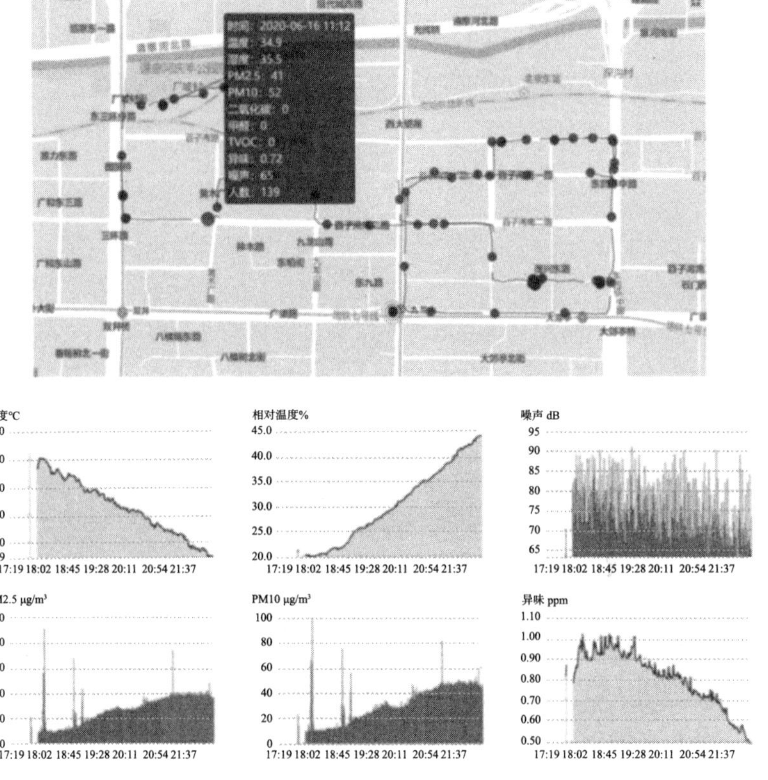

图4　重点点位环境持续监测数据示例

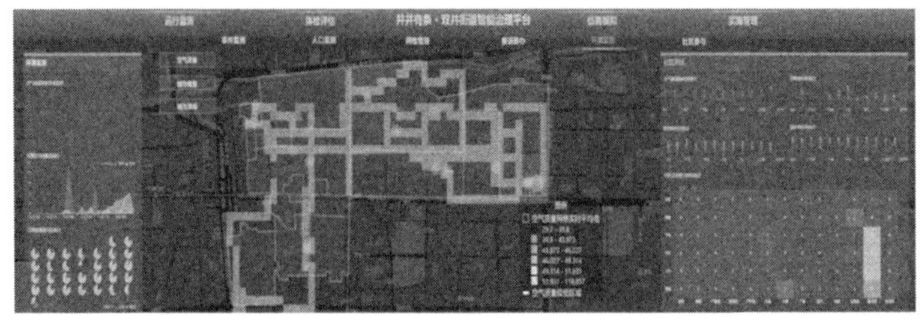

图5　“井井有条”双井街道智能治理平台

共享单车信息监测平台，通过数据可视化、运行状态监测等功能模块以及认知建模、机器学习等数据处理模块，实现对于共享单车重点停放区域的实时、长期运行状态，运营商投放、调运绩效的有效感知，在双井的共享单车治理过程中发挥指挥中枢的作用。实现的功能包括：（1）建立全面的认知体系：实时运行状态认知、长期运行状态认知、运营商投放绩效认知、运营商调运绩效认知。（2）智能的数据处理模块通过机器学习等数据科学工具对历史数据进行学习和拟合，针对不同类型、不同等级、不同功能的区域给出所需的共享单车总量建议。（3）数据可视化与交互信息平台需要对以上指标实现计算、发布、交互等功能。可视化主要分为地图空间点位表达，折线图、柱状图等图表表达两种形式。

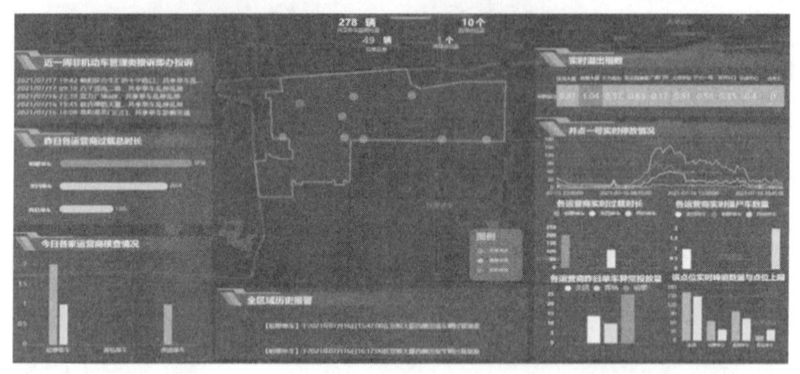

图6　双井共享单车监测平台系统示意图

共享单车智能管理应用作为移动端，根据感知数据和信息监测云端分析情况，向管理团队以及共享单车企业自动推送异常点位报警、异常车辆报警等信息，并对长期运营状态和清运行为进行汇总和评价。主要实现的功能包括：（1）项目管理：点位及传感器设备的信息管理、项目人员的信息管理。（2）异常点位报警：通过设定合理且切实可行的点位过载自动报警机制，将车辆过载的点位信息推送给相应运营商的清运人员，通知其进行车辆调运。（3）异常车辆提醒：通过设定合理的异常车辆识别与自动报警机制，将破损等异常车辆的位置、数量信息推送给相应运营商的清运人员，通知其进行车辆回收。（4）调配清运决策：利用各点位及街道辖区内整体的实时运行数据进行清运调配方案推荐，包括各点位之间协调方案，街道内外协调方案，并匹配相应的清运数量。（5）清运工作记录：清运工作记录主要面向各运营商清运人员进行设计，包括清运工作完成的记录打卡、历史清运记录查看等功能，进行精细化的工作痕迹管理，辅助街道对运营商的线下服务力度和响应程度进行绩效评估。

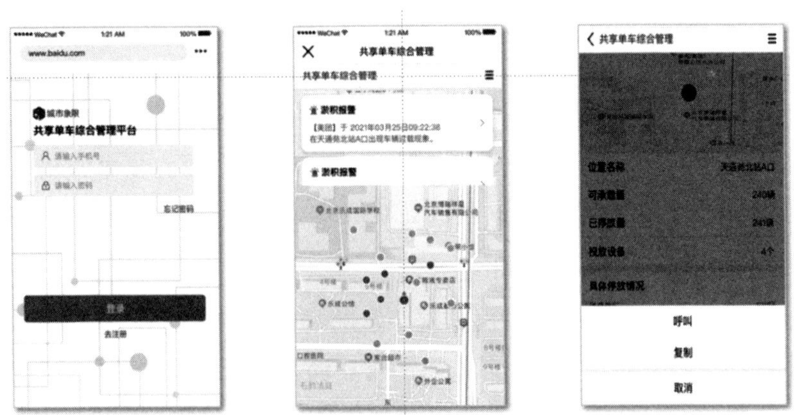

图 7　共享单车智能管理移动 App 示意图

在双井，通过重点点位监测—监测平台统筹—移动 App 调度的方式，实现了共享单车秩序治理的显著成效。如图 8，在二十二院街井点一号周边，通过持续监测与治理，实现了共享单车夜间堆放淤积现象的有效缓解。

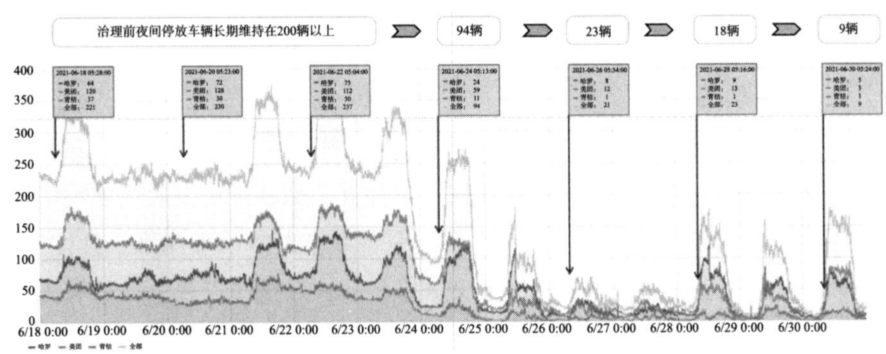

图 8　二十二院街井点一号治理过程单车停放数量变化曲线

2.3　数字经济场景

2.3.1　数字商圈经济

数字商圈经济是基于北京商务局的“一圈一策”和“重点商圈评价”政

策，从商业活力、商圈评价，商圈客流热力、商圈发展潜力等多个维度对双井的消费进行多维度评估，实时掌握商圈经济活力变化情况。

2.3.2 数字楼宇经济

数字楼宇经济针对双井街道辖区内发达的楼宇经济设计的监测平台，以楼宇企业和楼宇运营两个维度建立信用楼宇评价体系，通过得分计算与排名驱动提升辖区内的楼宇招商活力；目前所展示的部分分成两个方面，从楼宇自身维度展示了双井辖区内的建筑总面积、租售面积，重点楼宇的相关信息，从企业维度展示了企业的类型、科技创新相关的指标与企业多样性的评分。

2.3.3 数字文化消费经济

数字文化消费经济呼应了国务院印发的《数字中国建设整体布局规划》文件中的数字文化部分。以加强数字文化建设为目标，远期规划三个主要模块——文化活力监测、文化设施、文化评价体系，文化活力可以监测到街道辖区内不同时间颗粒度的活动数量、活动分布等信息形成文化活力热力图，方便直观地监测评分；文化设施可以分为市区级文化设施、市场类文化消费设施等类型，在地图上以不同的图层进行展示，文化评价通过不同维度进行评分，可以全方位地了解到双井在文化活力的优势与劣势，并提出相应的诊断方案。

2.4 数据要素运营

2.4.1 双井软硬总资产数字化运营：生活圈地图

2021 年 12 月 12 日，国务院印发《“十四五”数字经济发展规划》，其中强调持续提升公共服务数字化水平，健全完善数字经济治理体系。具体实施任务重点强调关于打造智慧共享的新型数字生活，鼓励建设智慧社区和 15 分钟服务生活圈。通过推动公共服务资源整合，提升专业化、市场化服务水平，支持实体消费场所建设数字化消费新场景，推广智慧导览、智能导流、虚实交互体验、非接触式服务等应用，提升场景消费体验。

15 分钟社区生活圈的建设可以满足居民对更便利、更高效的城市生活方式的需求，让居民更方便地查询和获取社区内部的基础设施和各种服务，积极参与社区内的各项文化活动，在提升居民生活质量和幸福感打造宜居生活环境的同时，促进城市的可持续发展和社区的繁荣。同时社区生活圈的工作也加强了社区数据底座的建设，也为政府提供为民服务建设、基层治理建设的成果多了一个展示窗口，提高了公众感知度。建设内容包含社区生活圈算法模型和15分钟社区生活圈地图服务平台。实现功能包含社区生活圈算法模型需要实现15分钟生活圈可达范围计算并在地图上展示可达范围融合边界。社区生活圈地图服务平台包含生活圈地图小程序和生活圈地图管理后台。居民可以在小程序端随意切换生活圈范围并查看生活圈内的公共服务设施、文化活动等，并对发现问题的设施进行纠错反馈等互动，还可以进行公共参与的活动报名等，在生活主题专题板块查看每周的特色主题内容。生活圈地图管理后台用于设施、活动的发布和审核，配置管理员角色权限等。模块内容包含生活圈设施查看，步行15分钟生活圈内公共服务设施分布和步行导航；生活圈活动查看，生活圈内各类活动（文化、体育、公众参与）的聚合和空间分布可视化；社区活动报名：各类活动的信息浏览、报名和预约等。

2.4.2 智能问答服务

基于社区已有社区公众号平台，升级优化智能社工数字问答模块服务内容：问答入口：以公众号功能模块为入口点击进入一对一对话框，智能社工提供自动化单一问答回复功能；问答交互形式：回答形式以文字为主，支持语音问答回复；问答内容：提供政府官方发布政策信息问答服务（北京市政府官网相关政策与社区提供文件例如公租房审核、老人补贴、低保信息等）、提供社区基础信息问答服务（社区居委会地址、电话和开放时间）、提供日常生活缴费入口信息问答服务（水电气及有线电视缴费入口）等内容。

（1）技术内容

本场景基于大语言模型（LLMs）和私有化知识库，实现基于大语言模型的知识库问答，一方面可以基于联网检索的政策信息给予用户反馈，另一方面可以基于私有化的知识给予用户反馈。仅仅基于大语言模型的问答方法常常会出现误差，或答非所问的情况。本场景结合信息抽取（IR）系统，增强对模型外部信息的认知，从而减小误差，并且充分考虑了信息抽取和大模型之间的协作，更高效地实现信息抽取和大模型之间的交互。具体而言，一是私有知识库搭建。将获取的私有知识，如pdf、word等，基于特定的问答场景，按照特定规则进行文本结构化抽取，以及知识的构建。二是知识向量化存储。为将知识与大模型进行交互，需选择合适的向量化模型，并基于私有知识对向量化模型进行预训练，基于评测最优的向量化模型对私有知识进行向量化。三是大模型微调。基于私有化知识对大模型进行微调，通过对不同微调方案的测评，基于最优的微调方案进行模型微调，提高模型已知知识和私有化知识的匹配程度。四是信息检索。传统的检索方式为通过关键词匹配的分词搜索，优势是响应速度快，局限是无关词汇会对匹配造成影响并且无法理解语义（同义词、抽象能力），本方案利用相同的向量编码模型对搜索语句和知识库中的文档（图谱）进行向量编码，在检索的过程中，通过向量相似度对搜索语句和知识库进行向量匹配，通过向量检索，可以召回更多语义上相近（不仅仅是关键词相近）的内容，增加检索的丰富度和准确性。本场景通过将传统的关键词匹配、模糊查询和基于向量的检索有机整合，提供更完整丰富的检索场景。目前的检索场景包括基于互联网的内容检索以及基于私有化知识的知识检索。五是 Prompt 工程。通过构建 Prompt 工程，使大模型返回的信息更匹配需求的场景，提高大模型答案生成的可控性。

（2）数智转型社区智能问答工具实现功能

基于模型本身的问答，目前没有针对模型进行用户反馈以及特定知识的微调训练 finetune，在基于特定知识微调后，会使结果更符合特定知识。基于互联网知识的问答，会提供互联网信息出处；基于私有化知识库的问答，会提供私有化知识库参考信息。

3　实施成效

3.1　国际可持续发展试点社区

双井街道于 2019 年 7 月 16 日成功入选联合国人居署国际可持续发展试点社区，成为中国被纳入国际可持续试点的第一个社区级试点。这对街道未来发展提出了更高的要求。

为了使双井街道达到北京市精细化治理示范要求和联合国人居署国际可持续发展试点社区要求，双井街道提出了营造双井社区众享生活圈的规划和“井井有条”街道智能化治理计划，拟通过街道的智能化治理支撑众享生活圈的营造，从而实现双井公共服务完善、人居品质提升、精细化管理水平提高。

3.2　综合成效

一是提升了服务效率。通过数字化社区服务管理微脑，可以实现服务流程的自动化和优化。例如，居民可以通过在线平台申请各类服务，如报修、咨询等，减少了烦琐的人工操作和时间消耗。同时，服务管理微脑可以自动分派任务、跟踪进度，并提供实时的服务反馈，从而提高服务的响应速度和效率。

二是提供个性化服务。基于数字化数据和智能算法，服务管理微脑可以分析居民的需求和偏好，提供个性化的服务建议和推荐。例如，根据居民的历史记录和兴趣，微脑可以向其推送相关活动信息、社区资源等，满足居民的个性化需求，提升居民的满意度。

三是数据驱动决策。通过收集和分析社区居民的数据，服务管理微脑可以为社区管理者提供数据支持的决策。例如，根据居民的反馈和行为数据，微脑可以识别出常见问题和改进点，为社区管理者提供有针对性的改进建议和决策参考，提升社区服务的质量和效果。

四是提升了居民参与度。服务管理微脑可以提供多种途径让居民参与社区事务。例如，居民可以通过在线平台提出意见和建议，参与社区活动和讨论等。微脑可以汇总和整理居民的反馈，促进居民之间的互动和参与，增强社区的凝聚力和民主性。

4　未来发展与推广价值

4.1　模式经验总结

首先在数据要素汇集上，建立社区数据平台和系统，将各类数据要素汇集起来，包括人口数据、社区实体空间数据等，以支持社区发展和决策。其次是治理场景数字化，建立社区数字治理平台，实现接诉即办的治理场景，通过移动应用或在线平台解决居民问题和需求。再次是环境监测与治理，利用社区传感器监测环境指标，通过数据分析优化环境治理，提高居民生活质量。从次是共享单车管理，在社区共享单车中安装监测传感器，通过数据分析优化共享单车的分布和调度，提高管理效率。最后是数字经济发展，推动数字商圈经济、数字楼宇经济和数字文化消费经济的发展，利用数字技术和数据分析提升运营效率和服务质量。

4.2 优化未来思路

面向未来更高层面的追求目标，双井街道的数智化治理还需要在以下几个方面给予优化。一是深度数据应用，进一步挖掘和应用数据资源，利用先进的数据分析和人工智能技术，为社区决策和治理提供更准确的数据支持。二是个性化服务，基于居民数据和需求，提供个性化的服务和推荐，提升居民满意度和参与度。三是智慧社区建设，推动社区设施和服务的智能化建设，如智能楼宇管理、智慧交通、智慧停车等，提升社区整体智慧化水平。四是数据安全与隐私保护，加强数据安全管理，确保居民数据的隐私和安全，建立健全的数据安全和隐私保护机制。五是跨界合作与创新：促进政府、企业、社区居民等多方合作，共同推动数智转型社区的发展，鼓励创新应用和商业模式的出现。

4.3 推广价值

一是街道综合治理平台的推广与应用经验。双井街道综合治理平台的项目案例在昌平"回天大脑"项目中得到了良好的推广与应用。其中"回天大脑"的领导驾驶舱建设也引入了"七有五性"评估板块，同时天北街道也安装了环境检测设备对街道人居环境数据进行感知和采集。

二是社区环境监测治理工具推广与应用经验。在合肥市蜀山区西园新村社区更新改造项目中，我们将环境感知监测设备在双井环境治理中的应用经验进行推广，将便携式环境感知设备背上背包，装上自行车，通过小区内部道路的巡检，对小区空间的微环境进行调查和监测，发现小区微空间存在的环境问题，对小区更新后的公共空间适宜性进行评估。

三是生活圈地图工具推广与应用经验。2023 年 4 月 25 日，数字重庆建设大会召开。社区生活圈的数字化建设也契合了数字重庆建设中的提升服务能力和公共数据平台建设等相关理念。（1）方便获取生活信息：生活圈地图小程序整合了政务服务、应急防灾和基础公共服务等信息，使居民可以方便地查找周边设施和服务。（2）提升社区服务能力：生活圈地图小程序推动社区服务的数字化建设，为居民提供便捷的服务和管理精细化的支持，提升社区服务能力。（3）构建智慧社区：生活圈地图小程序的数字化建设契合重庆市城乡社区服务体系建设规划和数字重庆建设的理念，推动智慧社区的建设，实现服务便捷、管理智能、环境宜居的目标。（4）推动数字化服务普惠应用：生活圈地图小程序的推广促进数字化服务的普惠应用，让更多居民受益于数字化服务，打造智慧共享、和睦共治的新型数字生活。（5）支持重庆数字化转型：生活圈地图小程序作为数字化转型的一部分，贡献于重庆市数字重庆建设，促进城市发展能力、服务能力和治理能力的提升，形成具有重庆辨识度和全国影响力的数字化应用。

治理创新助力提升基层韧性：北京通州张家湾镇案例研究①

姜玲　李岩霏　陈建军

摘要：张家湾镇作为北京城市副中心通州区的重要组成部分，面对基层治理能力与发展需求之间的严重不匹配，积极响应中央关于基层治理现代化的号召，展现出了坚定的决心和创新的实践。在治理主体单一、基层治理能力薄弱、多部门间协同合作不足等挑战面前，张家湾镇通过创新协商治理机制、建立一核多元共治中心，打破了传统部门间的壁垒，实现了跨部门、跨机构的协同合作，面对复杂多变挑战时的灵活调整与快速响应能力体现了其治理韧性的提升。同时，张家湾镇也积极探索智能治理的潜力。通过引入先进的信息技术手段，如"智慧张家湾"等，张家湾镇实现了治理工作的智能化、精细化。不仅提高了治理效率，还使得治理工作更加符合居民的实际需求和期望。最终张家湾成功摆脱了治理类乡镇的标签，成为基层治理的典范。本文提出两阶段复合治理理论，以协同治理为引领、情感治理为核心，填补了城乡混合区域治理领域的重要研究空白，同时，本研究强调治理路径创新对基层韧性提升的助力作用，旨在推动城乡混合区域治理工作的持续进步与发展，为相关领域提供有益的借鉴和参考。

关键词：基层治理；韧性治理；智能治理；多元共治；协同治理；情感治理

张家湾是一座文化古镇，下辖 57 个行政村，有 14 万人口。自 2016 年通州区升级为城市副中心以来，张家湾迎来了全新的角色转变——一个充满活

---

① 作者简介：姜玲，中央财经大学政府管理学院院长，教授、博导；李岩霏，中央财经大学政府管理学院硕士研究生；陈建军，中央财经大学政府管理学院硕士研究生。

力与创意的设计小镇。然而，作为城市副中心产业发展的重要承载区，张家湾镇的基层治理能力和水平却未能及时适应和匹配这一转变。随着疏解整治、园林绿化、棚户区改造、美丽乡村建设等项目的快速推进，张家湾镇基础设施落后，服务管理能力不足，改造压力大等历史遗留问题愈发凸显。这些问题涉及农村管理和城乡建设的方方面面，成为制约张家湾高质量发展的瓶颈。

1 任重道远，基层艰难挑大梁

1.1 人口结构多元，需求纷繁复杂

张家湾镇是一个兼具城市、城乡接合部以及农村三种城市空间格局的城乡混合区域，其下辖的行政村可以被划分为四种类型：棚改待拆迁村、村集体自建楼房村、民宿试点村以及原始保留村。这些村庄各自面临着独特的治理问题。马营村作为村集体自建楼房村的典范，外来人口的涌入使得人口结构日趋复杂，如何妥善平衡各方利益、满足多样化的群众需求，已成为其治理的难点。西永和屯村，作为民宿试点村的代表，虽然承载着带动周边村庄发展民宿、旅游的重任，但在资金、人才等方面面临压力，同时如何在激烈的旅游竞争中脱颖而出，也是其亟待解决的问题。梁各庄村等棚改待拆迁村，则面临着基础设施落后、环境卫生差等问题，居民对棚改的期望与担忧并存，拆迁补偿和安置问题更是治理的焦点。王各庄村作为原始保留村的代表，保存了丰富的历史文化和民俗特色，但在发展观念上显得保守，如何在保护传统文化的同时推动村庄发展，成为其面临的挑战。

总的来说，张家湾镇作为城乡接合区，面临着城市治理、城乡接合治理以及乡村治理等多重需求，既要应对城市化进程中的种种问题，又要观照乡村的传统与需求。城乡接合部特有的复杂性和多元性，使得这里的治理工作变得尤为艰巨。

1.2 治理主体单一，能动力量微弱

以梁各庄棚改为例。梁各庄超过百分之八十的房屋被认定为危房，地势低洼，与南边的公路落差较大，雨季时极易遭受水淹。自 2019 年 8 月起，张家湾镇梁各庄村在政府的规划部署下开始实施棚改项目。村民们对搬迁抱有

热切的期望。截至2020年5月5日，梁各庄村的全区600户居民中已有594户签约同意搬迁，签约率达99%，仅剩6户居民拒绝签约。这部分村民由于对法律法规、棚改认定标准、补偿政策等方面的一知半解，又难以找到合适的专业渠道咨询，于是对棚改产生了误解和抵触心理，认为同意签约会损害自身利益，因此不愿签约。

梁各庄棚改遇阻的情况并非孤例，它实则是当前乡村治理普遍困境的缩影，反映出的是当前乡村治理中普遍存在的问题：村民日益增长和多样化的需求与基层治理能力之间的不匹配。尤其是村干部和基层工作人员在法律知识和处理复杂问题上的匮乏，使得拆迁、财产纠纷等棘手问题难以得到妥善解决。治理主体的单一性也是一大症结。长期以来，基层治理工作过度依赖政府部门，而忽略了其他社会力量的整合与利用，导致资源分散难以有效利用。多部门协同治理的缺失同样不容忽视。在协同作战方面，各部门间缺乏有效的沟通和协调机制，难以形成强大的合力。特别是在村级层面，与法院、律师等法律专业人士的沟通与协作并不顺畅，使得村民在寻求法律咨询和援助时面临重重困难，难以通过合法途径维护自身权益。这种治理状态不仅严重制约了治理效率，更在一定程度上削弱了政府的公信力和执行力。

1.3 刚性治理惯性，纠纷调解艰难

在基层管理领域，家庭内部纠纷，邻里间的利益纠纷所造成的矛盾往往涉及到复杂的情感纠葛和个人利益，单纯依靠法律条文进行硬性调解，效果并不理想。刚性制度虽具有短期内效率高、见效快的显著优势，但在处理过程中往往因缺乏治理韧性和人文关怀而暴露出其局限性，甚至可能会引发群体性冲突。只有在硬权力和软权力相互配合、协调运作的基础上，才能实现基层治理的高效、和谐与可持续发展。

2 实事求是，调研试点探前路

2.1 调研先行，脚踏实地寻新路

在一系列问题的交织下，张家湾镇多次诉求量进入全市前十，2019年7月，张家湾镇被纳入北京市治理类街乡镇，2020年接诉即办成绩位于全市第

332 名，是全区最后一名。

为了更深入地把握群众的服务需求，进一步提升基层治理的效能，张家湾镇邀请了基层治理领域的专家团队深入农村进行实地调研，多次组织村“两委”成员及群众代表召开座谈会，全面了解村民的意愿和期望。

经过细致的排查和深入的剖析，张家湾镇总结了基层治理中存在的诸多短板。比如，人员配备和场地设施方面存在不足，导致基层工作难以高效开展；流程机制的设计也缺乏足够的精细和准确性，影响了治理效能的提升；此外，对于深层次历史遗留问题的研究尚显不足，制约了基层治理的进一步深化。

2.2 试点推进，党建引领促团结

在深入调研的基础上，张家湾镇选定了马营村、南许场村、西永和屯村以及王各庄村等地，作为“一核多元、一米网格”党建引领社会治理项目的首批试点区域。以基层党组织为坚实阵地，通过实地走访、深入交流，精准把握了基层的实际情况与需求；通过组织丰富多样的业务培训，有效提升了基层党员和干部的业务能力与工作水平，初步解决了基层党组织在发挥战斗堡垒作用上的不足、社会治理中各方协同的欠缺、党员带头示范上的薄弱以及群众参与社会治理的积极性不高等一系列问题。

2.3 群策群力，议事协商绘蓝图

为进一步激活基层治理中的多元主体力量，面对群众自治能力不强、参与意愿低迷、参与渠道受限及参与成效不显等难题，张家湾镇持续对议事协商机制进行优化，推动“一米网格”治理模式迈向深入实践。

以示范先行村为例，村“两委”成员通过微信群、入户访谈等多样化途径，广泛采纳村民对村规民约的宝贵意见，为村民打造了一个畅通的意见表达平台。在关于服务群众经费、村民物资与福利等关键问题上，与镇政府相关部门保持紧密沟通，确保政策导向明确，村集体财产管理使用规范有序。同时，通过举办村干部座谈会，深入探讨村规民约内容，积极吸纳村民建议，不断完善并使其更贴近村民实际需求。这种协商议事方式实现了权力的下沉与民意的回归，有效提升了群众参与的积极性。群体决策机制有力保障了群众权益，推动了一批热点问题的圆满解决。

此外，张家湾镇对12345市民热线及群众各类诉求进行了及时、细致的梳理分析，充分发挥群团组织和社会组织的协同效能，敏锐发现并妥善化解潜在矛盾与问题。通过精准施策、贴心服务，张家湾镇成功构建了一种党建引领下的基层治理、协同发展的创新模式。

3 众川赴海，多元协同解难题

2022年是通州区“基层治理年”，全区致力于全面提升基层治理的能力和水平，形成较为完善的基层治理体系，打造创新性的具有城市副中心特色的基层治理模式。在这一背景下，张家湾镇采取“党委搭建平台，多元参与共治”的策略，多管齐下，多措并举。然而，尽管多元共治的理念已经深入人心，但由于缺乏整体制度的正规性和组织性，以及缺少固定的平台作为支撑，多元共治理念的实践效果仍不够理想。

3.1 同舟共济，共治中心汇聚力量

2022年3月，张家湾镇正式成立了“一核多元共治中心”。为多元主体搭建了一个平台，充分发挥各主体的优势，有效破解产业转型、历史遗留等民生领域的痛难点问题。

“一核”指坚定以党建为引领，推进基层治理的核心思路。张家湾镇特别成立了“接诉即办”党支部，负责全面统筹协调。在此基础上探索并实践法院、检察院等多元主体参与的区域化党建模式，以期实现更为全面、深入的治理效果；“多元”则体现在充分利用法院、检察院、公安以及“两代表一委员”、律师、学者和乡贤等各类主体的独特优势上；“共治”则是围绕“法治”“德治”“自治”三大治理理念构建起的共同治理平台。

楼内一层为“法治湾家”，设置有诉调对接办公室，北京市通州区人民检察院驻张家湾镇服务乡村振兴检察室，人民调解室——老赵工作室，枫桥式公安警务室、家事调解室等，长年有相关部门人员值守，一旦有需要解纷的需求，对接工作室就会安排相关部门负责人联动解决，及时提供法律帮助，专业指导等。

二层和三层以德治为主线，二层是“幸福湾家”，设有一核多元共治中心办公室、社会组织工作室——毕金仪工作室、幸福湾家社会组织工作室、区

政协专家工作站、市民客厅、人大代表之家、社会心理服务中心。三层是“文化湾家”，设有母婴室、老年大学、大讲堂、乡村振兴共建基地、市民教育课堂、儿童驿站、四点半课堂、多元共治——积分超市、新时代文明实践所，突出党群和新时代文明实践功能，也是举办活动的场所。

四楼是“智慧湾家”，设有平安建设办公室（负责综合治理工作）、市民诉求处置中心以及一个高度智能化的指挥大厅，共同构成一个集安全管理、诉求响应和智慧调度于一体的综合性服务平台。

3.2 科技赋能，智慧平台提质增效

在积极引入多元力量的同时，一核多元共治中心也不忘充分运用科技赋能，开发了“湾事通”小程序，为市民提供了一个便捷的线上问题反馈窗口。市民只需轻松扫码，即可实现诉求的快速上报，这些诉求会立即被纳入镇级平台，进行统一派单和高效处置。

此外，引入“智慧张家湾”平台，通过大数据、“互联网＋”等科技的应用，融合了接诉即办、网格化管理等系统资源，形成一个汇集全镇“人、地、事、物、组织”等各方面的要素信息的数据分析中心。智慧张家湾治理平台成为基层治理指挥调度的核心，有力地为基层治理提质增效。

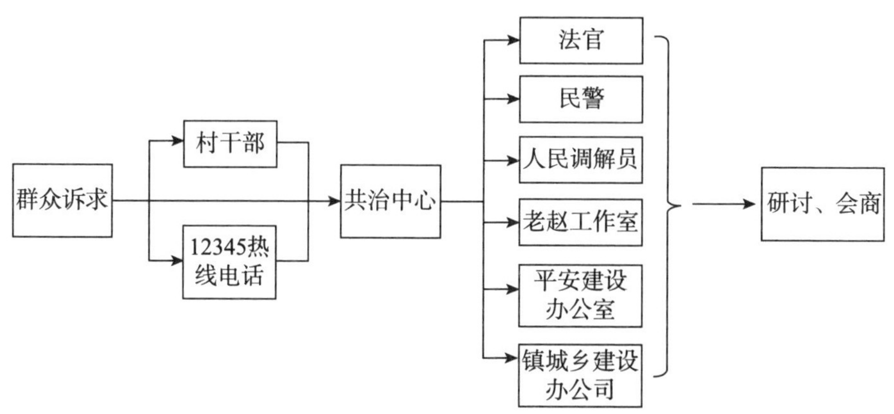

图1　一核多元共治中心解纷流程示意图

依托接诉即办平台，工作人员对各类群众诉求实施分类处置。对于常规性矛盾诉求，由指挥中心每日召开调度会议，全镇57个村统一装有视频会议系统，诉求能第一时间向相关村队、科室调度流转；对于复杂类矛盾诉求，

经党委会每周调度后，统一提级办理，明确主管领导与牵头部门，纪委监督推进、公检法司等多元力量参与，中心召开联合会商，协调多元力量共同化解。

通过建立一核多元共治中心，张家湾成功构建了一套高效顺畅的跨部门协同合作机制，将多元力量紧密地“拧成一股绳”，通过压缩物理距离，推动资源共享和协同工作，彻底打破了部门间和多元主体间的传统壁垒，形成强大的治理合力，有力地解决了治理主体单一、基层工作人员治理能力薄弱以及缺乏多部门治理合力等长期存在的问题，为张家湾的基层治理开辟了新的路径。

3.3　有的放矢，需求导向办活动

针对张家湾的一核多元共治中心面临活动参与度低的情况，中心的工作人员深入了解群众真实需求，举行贴近老百姓需求的活动，真正达到提升社区治理的效果。

对“湾事通”小程序推广遇冷的现象，中心工作人员在“湾事通”2.0版本中引入积分兑换功能，通过正向激励的方式，让村民在参与“湾事通”发布的各类文体活动、志愿服务活动等过程中获得积分，不仅使村民熟悉了小程序的运行机制和效率，增加了村民对小程序的熟悉度和信任度，还提升了村民参与活动的动力，有效地推动了基层治理工作的深入开展。据统计，仅2023年上半年，这一积分机制就带动了镇域内近百余个部门村队、超千名群众参与基层治理活动，累计积分达到了3万余分。

3.4　春风化雨，“明星”调节化矛盾

治理乡村不仅仅依赖于法律和制度，更需要深入人心的情感连接。一核多元共治中心已然成为推动基层柔性治理的核心平台。

在日常解纷人员的基础上，中心精心打造了基层治理的响亮品牌——老赵工作室。这一工作室汇聚了镇调解委员会的精英成员、司法所的资深工作人员、镇政府的公职律师、热心的公益律师以及各村居的法律顾问等多元力量。通过“面对面”的深入沟通、“心贴心”的细致服务以及“点对点”的精准解决，成功解决了一系列群众关切的诉求。

社会组织毕金仪工作室的引入，更是将情感治理的理念融入基层治理中

的体现。“明星”调解员毕金仪是北京科教频道《第三调解室》调解专家，是许多村民心目中的“调解达人”，在村民当中有很高的知名度和信任度。经过多元主体会商，深入分析个案问题成因后，如果一般的调解流程难以解决，则会由毕金仪工作室充分发挥明星调解作用。

这种以情感为桥梁的柔性治理方式，通过深入了解村民情况，加强与村民的情感沟通，让基层治理更加贴近群众、更加人性化，减少纠纷双方的抵触心理，不仅提升了工作人员的信任度和政府的公信力，还极大地增强了群众自治的力度。

3.5 防微杜渐，未诉先办止纷源

为了进一步深化基层治理，张家湾镇推出了“有事没事转一转”实践活动。这一活动鼓励村“两委”成员多到群众中去，实地了解群众诉求，通过及时研判人民群众的急难愁盼问题，形成一套高效的统筹调度机制，将村民矛盾解决在“萌芽期”。

同时，针对可预见的诉求以及新项目、新办法的启动实施时间节点，张家湾镇站在群众的角度进行深入思考和研判，预测可能产生的社会影响。基于这些预测，提前制定周密的应对预案，确保工作平稳过渡，实现了工作重心由“接诉即办”向“未诉先办”的积极转变。

张家湾镇还在村级层面设立了“一核多元共治”工作站，并针对性地组建了各具特色的村级工作队，与一核多元共治中心直接对接，承担着普法宣传咨询、邻里纠纷调解化解以及协助法律文书送达等解纷工作的重要职责。通过这种工作模式，张家湾镇不仅有效地实现了资源和力量的下沉，更使得基层治理工作更加精细化、高效化，增加了治理的韧性。

4 案例的理论解释：一个框架

4.1 协同治理理论及其适切性

协同治理理论是自然科学中的协同论与社会科学中的治理理论相互交融的结晶。从理论上来说，一个实现善治的社会应当体现政府与社会间清晰且互补的角色分工与协作。政府的核心职责是立足全局、长远的角度，对那些

具有广泛和深远影响的公共事务进行有效管控与协调。而对于那些更具地域性、群体性或基层特色的公共事务，则应赋予社会更大的自治空间，让公民能够通过多元化的组织方式，如社区、合作社、民间组织和社会企业等，实现自我管理和服务①。

相反，国家公权力的过度扩张会挤压社会自治的空间，假设政府的管理触手延伸到公民生活的方方面面，弊端是显而易见的：首先，由于政府资源和能力的有限性，它无法做到事无巨细、面面俱到，这往往导致政府在处理公共事务时捉襟见肘，成为社会不满的焦点；其次，政府的过度干预往往剥夺了公民自主决策的权利，侵犯了他们的自由和民主权利；最后，过大的政府权力也为那些权力寻租、利益输送的行为提供了温床，严重损害了政府的公正性和公信力②。研究者指出，社会本质上是一个开放演化、具有耦合作用和适应性的复杂网络系统，政府主导的线性管理模式出现种种问题的根源在于无法对复杂社会问题给出有效的解释和应对方案，因此需要在社会治理领域引入复杂科学管理范式，由此构建协同治理的理念和理论框架③。在我国基层治理的语境下，协同治理理论提出了发挥政府作为重要治理主体主导性作用，同时建立社会协同治理有效衔接运作机制的改革方向④。以党组织为核心引领多元主体的“一核多元”基层治理模式的进一步创新，如何实现从“一核多元”到“一核多能”的转变是我国治理体制建设的重要议题⑤。

4.2 情感治理理论及其适切性

情感治理理论源于理论界和实践界对理性、制度和技术治理的反思，官僚制度在现代国家的发展进程中具有重大影响，往往压制了人们的积极性和创新精神，导致官僚与民众之间的对立日益加剧，社会活力日渐衰退，官僚

---

① 郑巧，肖文涛．协同治理：服务型政府的治道逻辑［J］．中国行政管理，2008（07）：48－53.

② 燕继荣．协同治理：社会管理创新之道——基于国家与社会关系的理论思考［J］．中国行政管理，2013（02）：58－61.

③ 范如国．复杂网络结构范型下的社会治理协同创新［J］．中国社会科学，2014（04）：98－120＋206.

④ 欧黎明，朱秦．社会协同治理：信任关系与平台建设［J］．中国行政管理，2009（05）：118－121.

⑤ 曹海军．党建引领下的社区治理和服务创新［J］．政治学研究，2018（01）：95－98.

主义的弊病也随之滋生。为了扭转这一局面，我们有必要将“情感”重新置于治理的核心地位，以激发社会的生机与活力，构建更加和谐、富有创造力的社会环境①。在基层治理场域中，居民的负面情感来源多样，被侵占公共空间、居住环境受不良影响未得到相应补偿、日常生活中产生人际矛盾等都会导致居民的负面情感被唤醒，此时居民会采取拒绝参与、难沟通、反对抵制等不合作行为，导致基层治理工作难开展。面对这些由居民负面情感引发的治理难题，情感治理成为基层治理无法忽视的问题②。

从社会活力的角度看，居民对所在社区的认同和参与严重不足是当前我国社区治理普遍面临的难题，只有在社区治理中依靠情感治理使居民积极情绪被调动才能使社区活力得到激活。从政府治理效果的角度看，基层治理场域是干群互动第一线，基层干部在工作中采用情感治理的方式不仅能弥合科层制技术治理中的干群隔阂，更能使国家权力在基层社会的认同度和公信力上得到有效提升③。国内研究者对基层的情感治理给出了如下定义：在基层治理实践中，基层社会共同体的成员以及其他相关人员，通过巧妙地运用情感策略，致力于满足彼此的情感需求，并进一步激发正向情感的再生。

这一过程不仅有助于构建和巩固共同体内部的情感纽带，更能有效协调基层社会中错综复杂的各种关系。情感治理作为一种富有弹性和人文关怀的治理方式，以及一种非制度性的社会回应手段，其在实践中展现出了巨大的潜力。通过情感治理，基层治理的成本得以显著降低，而治理的效益则得到了显著提升。这种治理模式不仅高效，而且更具人性化和可持续性，为基层社会的和谐稳定与发展注入了新的活力④。

4.3 “两阶段复合治理”理论框架

近年来，张家湾镇在基层治理实践中，不仅学习了其他地区的先进经验，还结合本地实际，创新性地实施了多项治理措施。秉承协同治理的理念，通

---

① 田先红，张庆贺．城市社区中的情感治理：基础、机制及限度［J］．探索，2019（06）：160－172＋2.

② 刘太刚，向昉．“以规治情”与“以情治情”：社区情感治理的再认识［J］．中国行政管理，2021，（06）：11－18.

③ 曾莉，周慧慧，龚政．情感治理视角下的城市社区公共文化空间再造——基于上海市天平社区的实地调查［J］．中国行政管理，2020，（01）：46－52.

④ 潘小娟．基层治理中的情感治理探析［J］．中国行政管理，2021，（06）：6－10.

过合作、共商、谈判、沟通、理解，推动政府各个部门以及社会各方力量形成最广泛联动，形成了强大的治理合力，“一核多元共治”模式进一步发展后，建立了一核多元共治中心，以组织平台为基础，创新组织设置，压缩物理空间，将情感治理理念运用到基层解纷的过程中，以情感链接诉求与治理，提升了治理效能，取得了较好的治理效果。

鉴于此，本研究从制度、资源和技术这三个核心维度切入，构建了一个融合协同治理与情感治理的理论分析框架（如图 2 所示）。此框架旨在深入剖析“情感治理”在基层治理中的赋能效应，并进而形成一套适用于本案例的、涵盖三个维度的两阶段复合治理理论。通过这一理论框架的应用，我们期望能更全面地理解情感治理如何在基层治理中发挥作用，并为未来的实践提供有力的理论支撑。同时，我们相信，通过不断优化和完善治理路径，能够有效增强治理韧性，使基层在面对各种挑战时能够迅速恢复并保持稳定，从而实现社会的和谐与可持续发展。

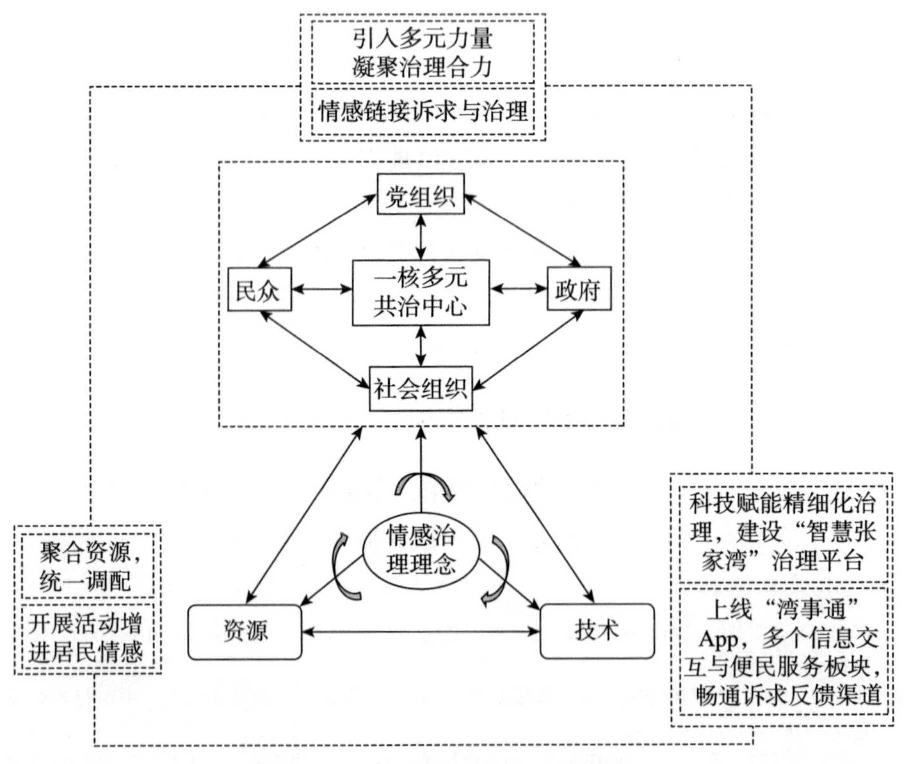

图 2　两阶段复合治理理论分析框架

在资源维度，张家湾镇原面临资源有限、难以满足居民需求的困境。一核多元共治中心旨在通过协同治理，弥补政府单一治理的不足。在建立过程中，张家湾镇作为北京城市副中心产业承载区，得到了上层政府的政治和经济资源支持，成功建成共治中心并开发智慧平台，成为治理能力建设的典型案例。建成后，张家湾镇能统一调配各治理主体资源，有效补足资源缺失。然而，如何促进居民参与以获取更多资源投入，成为新挑战，从而引出情感治理的重要性。

在技术维度，张家湾镇通过科技赋能推行精细化治理，技术与资源和制度之间存在相互影响的关系。张家湾镇建设“智慧张家湾”治理平台和上线“湾事通”App等治理平台和信息交互工具需要相应的政策、人力、物力、空间等资源的投入，资源的正确投入和使用是基层治理中技术形成的重要原因。另外，技术手段在投入使用后也成为了基层治理能够调用的资源的重要部分，张家湾镇的技术治理平台和信息交互工具为其协同治理和智能治理提供了有力的支撑。技术手段的建设和投入来源于制度的要求，原有的制度和制度创新的方向决定了技术手段如何建设。同时，技术手段的应用不仅为制度的进一步创新创造了可能，也推动了智能治理的发展，提升了治理的智能化水平。

制度维度的分析是本案例的研究重点和核心，在本案例中，特定的资源和技术为制度创新转变提供了基础，资源维度和技术维度的困难主要也依靠治理制度的创新来解决。张家湾镇最初面对的困难是单一治理主体无力回应日趋复杂的现实治理问题，迫切需要在治理中引入多元主体的力量，因而以党组织为核心构建了一核多元的协同治理体制，使党组织、政府、社会组织、民众的力量都成为了治理过程能调用的资源，形成治理合力。为提高协同治理的效率，张家湾镇引入了智慧平台和信息交互工具等技术手段，使协同治理机制进一步完善。但在协同治理推进的过程中，又出现了居民参与积极性不高和治理措施无法下沉的问题，新的制度无法完全发挥作用，协同治理机制仍然受阻。为消除民众对治理活动和技术的隔阂和顾虑，张家湾镇将情感治理手段融入协同治理机制中，使治理主体之间形成情感联结，创造了不依靠一核多元共治中心这一物理空间外的治理主体间的链接，治理主体之间的信任关系在制度的保障外更多了情感的巩固。

本文的主要理论创新点在于协同治理与情感治理融合形成的“两阶段复合治理”的治理框架。复合治理理论认为除多元主体的特征外，复合治理还应该在地理空间上纵向多层次、在治理领域横向多样化①，治理范式向复合型转向是对现代社会复杂问题的有效回应②，也是对标中央关于美丽中国建设要求的必要的治理体系完善过程③。

本文根据张家湾镇案例构建的理论框架主要集中在治理领域的横向拓展，即治理活动向情感的延伸并促使治理模式产生升级变迁的过程。起初，面临资源和治理能力不足的挑战，该镇引入了协同治理机制，建立“一核多元共治中心”，以应对复杂治理需求。然而，协调沟通不畅和民众参与度低成为新难题。第二阶段，张家湾镇融合情感治理理念，加强了治理主体间的情感联系，民众内生动力得到激发，从被动客体转变为主动治理主体。这一转变不仅提升了治理资源的有效整合，还增强了治理韧性，使治理体系在面对挑战时更具弹性和适应性。最终，张家湾镇形成了两阶段复合治理模式，为基层治理提供了新的方向。

5 结论

张家湾镇通过实施“一核多元”共治模式，以党建引领为核心，汇聚多元力量。从单一的政府主体到多元治理主体，建立了一套跨部门、跨机构协同合作的机制，打破政府部门、社会组织等多元主体间的壁垒，形成治理合力，不仅增强了治理的灵活性和响应速度，还使得张家湾镇在面对复杂多变的治理挑战时，能够迅速调整策略，确保治理工作的连续性和稳定性。此外，张家湾镇引入了情感治理理念，以更加人性化和情感化的方式化解矛盾，将“以规治情”的硬性治理转变为“以情治情”柔性情感治理，促进了政府与居民之间的和谐关系，进一步完善了村民自治体系，实现了基层治理的内生发展，增强了治理的韧性。

此外，通过积极引入先进的信息技术手段，运用智能治理系统实现信息的快速传递和共享，提高治理工作的透明度和公正性，准确把握居民的需求和诉求，预测和识别潜在的风险和问题，提升治理的智能化水平。

---

① 杨雪冬．全球化、风险社会与复合治理［J］．马克思主义与现实，2004（04）：61－77.

② 范如国．“全球风险社会”治理：复杂性范式与中国参与［J］．中国社会科学，2017（02）：65－83＋206.

③ 林震，臧滕．美丽中国建设的复合治理体系探析［J］．行政管理改革，2023（11）：15－24.

在 2023 年 4 月，张家湾镇经过持续的努力和创新，成功退出了治理类乡镇的行列，其接诉即办的成绩也连续三年稳步提升，从全市的末位跃升至中上游水平。其“党建引领，多元有你”基层治理品牌先后荣获 2022 年全国社区治理“十佳”案例、2023 年全国社会治理创新案例，并被选为“新时代‘枫桥经验’优秀案例征集”活动的精品案例。从治理类街道，到接诉即办先进生，通过实施协同治理和情感治理的策略，张家湾镇显著提升了治理的韧性，为其他面临类似治理挑战的城乡混合区域提供了宝贵的经验与启示。